Papst Leo XIV. und seine gesegneten Scheinheiligen

von Georg W. Schmidt

1. Auflage, 2025

© 2025 Georg W. Schmidt

Alle Rechte vorbehalten.

Verlag: BoD · Books on Demand GmbH,
Überseering 33, 22297 Hamburg, bod@bod.de
Druck: Libri Plureos GmbH, Friedensallee 273,
22763 Hamburg
ISBN: 978-3-8192-1163-8

Inhaltsverzeichnis

DER AUTOR

Georg W. Schmidt

**DAS VERGESSEN
WÄRE FALSCH
.... den
Opfern gegen-
über**

geboren in Emden,Niedersachsen.

Seit meiner Jugend interessiere
ich mich für Politik, Gesellschaftsthemen, Zeitgeschehen und
Kunst. In verschiedenen beruflichen Tätigkeiten lernte ich die
verschiedensten Menschen mit
ihren Sorgen und Bedürfnissen
kennen und setzte mich in meinen

Arbeiten für die Schwachen in der Gesellschaft ein.

So gründete ich an meinem damaligen Wohnort in Krefeld/NRW die Aidshilfe, die sich um die betroffenen AIDS-Kranken sowie HIV-Patienten kümmerte, und ich betreute die Sorgenden ehrenamtlich oft bis spät in die Nacht.

Ich habe ein hohes Gerechtigkeitsempfinden und es empören mich insbesondere Ungleichheit und Diskriminierung. Ich setze mich gegen Menschenfeindlichkeit und Hass ein.

Den PR-Rummel um mich mag ich nicht und ich bin wohl eher menschenscheu.

2015 nahmen wir unseren Pflegesohn in unserem Haus auf. Er lebt seither bei uns und wurde unser Adoptivsohn. Seine Hauptschule absolvierte er mit Bravour. Ebenso schaffte er ohne Probleme seine Lehre und ist als Handwerker auf seiner Arbeit angesehen.

Menschen dürfen sich nicht anmaßen, über andere Menschen zu urteilen, diese auszugrenzen oder ihnen Rechte abzuerkennen.

Nach einer Anzahl von Romanen entschied ich mich, auf Grund der immer noch nicht aufgearbeiteten Verbrechen an Kindern durch Kleriker, vermehrt in meinen Büchern zu Gesellschaftsthemen Stellung zu nehmen.

Ich beschreibe als Autor, Handelnde, die es immer noch nicht gelernt haben, sich für die Vielfalt der Menschen einzusetzen und für deren Belange zu kämpfen, sondern im Gegenteil Hass verbreiten.

Durch meine realistische Sichtweise bin ich pragmatischen Lösungen für die Gesellschaft zugewandt. Das Buch soll nicht auf literarischer Basis beruhen, sondern dazu beitragen dass wir alle etwas besser unser eigenes „Ich" entdecken können.

Am Ende dieses Buches stelle ich mir als Autor die Frage, wann die Allgemeinheit die größte Akzeptanz für anders Denkende, Kranke, anders sexuell orientierte Mitmenschen, Menschen anderen Glaubens, anderer Hautfarbe, erreicht hat?

Es sind derzeit große Rück-

schritte in Sachen Toleranz in
der Gesellschaft zu erkennen.
Daher sollen meine Bücher und
Romane nicht nur unterhalten,
sondern dazu anregen, Dis-
kriminierungen abzubauen.

Bei den Gesellschaftsthemen
dienen sie als Appell und
erneutes Erinnern.

Durch den aufflammenden Hass habe
ich speziell das Thema Homosexualität als Teil II eingefügt:
„Schwule, Gesellschaft und
Kirche".

[B] Waffenweihungen der Kirchen im Krieg

Vehement widerspreche ich dem Buchautor Manfred Lütz. Manfred Lütz, der in einem seiner Bücher Waffensegnungen durch Pfarrer oder Kirchenoberen widerspricht und die Behauptung auf Grundlage der Aussage des Heinrich Missalla(†) (Deutsch-römisch, katholischer Theologe), der angeblich dies nachweislich beschrieb.

Fotos von Waffensegnungen sind im Internet unter Süddeutsche Zeitung zu finden. (Leider kann aus urheberrechtlichen Gründen das Foto hier nicht eingebracht werden)

Dies ist eine von vielen Falschaussagen von Manfred Lütz, die durch Bilder von Segnungen von

Waffen und Filmaufnahmen wider-
legt werden können.

Ich frage mich, kann denn ein
anständiger Mensch heute noch
Mitglied der katholischen Kirche
sein, wenn jeher in der
Geschichte des christlichen
Abendlandes Religion und Gewalt
diese bedeutende, unheilvolle
Rolle gespielt haben?

Wie kann es sein, dass so viele
Gehilfen des Teufels sich unter
dem Deckmantel der Kirche auf-
halten und es sich gut gehen
lassen.

Die Kirchen halten an ihrem
mittelalterlichen Weltbild fest
und verspielen dadurch ihre
Glaubwürdigkeit.

Aufgrund von Berichten von Betroffenen und Verurteilungen dieser Amtsträger können diese Missbräuche nicht mehr durch die Institution Kirche verleugnet und vertuscht werden.

Vom Bistum Aachen wurde eine Liste mit Namen von über 100 Priestern veröffentlich, die Minderjährige missbrauchten. "Natürlich" sind alle Täter mittlerweile verstorben, die auf dieser Liste kamen.

Na ja, dann kann man es ja wohl auch wagen, diese Namen zu nennen.

Heute noch starten Menschenfänger Vertuschungsaktionen mit Büchern von inhaltlich hanebüchenem Unsinn.

Manfred Lütz zum Beispiel, Buchautor und Berater des Vatikans,
vertritt noch dieses mittelalter-
liche Weltbild, welches auf
seinem eigenen absoluten Wahr-
heitskriterium beharrt, und daher
sind echte Dialoge mit ihm von
vornherein aussichtslos.

Die Gräueltaten der Kirchen
wurden nicht nur seit
Jahrzehnten, sondern seit
Jahrhunderten durch die
Beteiligten des Systems Kirche
vollzogen und wir sollten uns
immer wieder derer erinnern.

Es darf dem Psychiater und
Berater des Vatikans, Manfred
Lütz, nicht gelingen, diese
Verbrechen der Kirche
kleinzureden und zu vertuschen,
indem er zum Beispiel davon

spricht: „Was sind schon 97 hingerichtete Ketzer in 220 Jahren spanischer Inquisition." Herr Lütz, es sind 97 Tote zu viel!

Dieser Manfred Lütz ist Arzt und soll kranken Menschen helfen. Wie kann von einem Psychiater eine solche Aussage getroffen werden?

Lütz vertritt auch die Meinung, dass nicht in der Kirche, sondern woanders viel mehr Missbrauch geschehen würde.

Der Exorzismus wurde und wird bis heute durch die Kirche betrieben. Vater Gabriel Amorth war von 1986 bis **2016 zum Beispiel leitender Exorzist des Vatikans.** Seine Aussage war: „Wenn wir den Teufel verspotten und uns sagen, dass er nicht existiert, dann ist er am glücklichsten."

Bis heute ist also die Kirche von der Existenz des Teufels überzeugt.

So sind auch die Kleriker, seien es Pfarrer, Bischöfe oder sonstige Kirchenbedienstete, die minderjährige Kinder oder Jugendliche missbrauchten, Handlanger des Teufels.

Also ist der Exorzist des Vatikans, umgeben von Teufels Gehilfen, die sich für Gottes Gehilfen ausgeben.

Das Fazit ist: **sucht zuerst in euren eigenen Reihen nach den Tätern und Verbrechern.**

[C] Der „Hippokratische Eid"

Kennen einige Ärzte, hierzu zähle ich auch Dr. Manfred Lütz den „hippokratischen Eid" nicht mehr?

Auszug/Zitat aus dem „Hippokratischen Eid":
 Die Gesundheit und das Wohlergehen meiner Patientin oder meines Patienten werden mein oberstes Anliegen sein. Ich werde die Autonomie und die Würde meiner Patientin oder meines Patienten respektieren.

Ich werde den höchsten Respekt vor menschlichem Leben wahren.

Was hat meine Familie doch für ein großes Glück, dass sie einen Hausarzt mit einer ethischen Grundhaltung hat, der durch seinen stetigen Einsatz leider oft seine eigene Gesundheit vergisst.

Einen persönlich bekannten Urologen in meinem Wohnort Friesoythe/Niedersachsen, schrieb ich, dass seine Mitarbeiterin an der Rezeption, mir viele persönliche Fragen bezüglich meiner Erkrankung stellte und ich dies nicht so passend fand.

Mein Hausarzt wollte später erneut einen Termin bei diesem Urologen für mich ausmachen, doch dieser Urologe lehnte dann eine Behandlung speziell meiner Person ab, obwohl mein Hausarzt ihm die Dringlichkeit mitteilte.

Dieser Urologe ist übrigens mit seiner Frau stark in der katholischen Kirche engagiert.

- Wie kann man eine solche Haltung von einem angeblich noch dazu christlichen Arzt verstehen? Vom hippokratischen Eid ganz abgesehen.

[D] Skandalbuch des Vatikanberaters Manfred Lütz

Es ist für mich schade, meine Lesezeit für das Buch des Vatikan-Beraters Manfred Lütz geopfert zu haben, jedoch konnte ich vor innerer Erregung es nicht lassen, mich mit dem pseudowissenschaftlichen Quatsch dieses Arztes zu beschäftigen.

Das Buch ist eine Anhäufung von unbewiesenen Behauptungen und scheinbar daraus resultierenden skurrilen Schlussfolgerungen. Es ist völlig überflüssig und in seiner Betrachtungs- weise äußerst einseitig.

Man müsste dieses Buch „Skandal ....."selbst als Skandal bezeichnen, aber damit würde man ihm nach meinem Empfinden schon

zu viel unverdiente Beachtung
zukommen lassen.

Quellenangaben hat, wie erwähnt,
Manfred Lütz in seinem Buch gar
nicht erst nötig zu benennen.

Lächerlich, wie hier versucht
wird, das Christentum rein zu
waschen nach dem Motto: Die
katholische Kirche hat zwar
Schreckliches gemacht, aber die
Anderen waren noch viel schlimmer.

Von einem Psychiater und Theologen geschrieben, reiht sich das
Buch in die Verfehlungen der
katholischen Kirche nahtlos ein.

Recherchen über die Vergangenheit
der Kirchen zu erstellen bedeutet
für mich, in kirchlichen
Kriminalgeschichten zu blättern.

Das unangenehme Thema jedoch, sollte „leider" unaufhörlich im Fokus stehen, damit der Missbrauch durch Geistliche ein Ende findet.

Verurteilt zum Beispiel ein Papst den Kindesmissbrauch von Minderjährigen durch Kleriker bzw. den Missbrauch überhaupt, ändert sich nichts, denn die Fälle begründen sich auf pathologische Muster.

Diese pathologischen Muster prägen die gesamte Kirche und sind Teil ihrer Grundfesten. Solange die katholische Kirche an ihren Moraldogmen festhält, wird sich nichts ändern!?

Es werden weder die in den verschiedenen Ländern

existierenden pädophilen Ringe, die sich unter dem Deckmantel der Institution Kirche wohlfühlen, ausgerottet noch wird am Sakrament der Ehe gerüttelt.

Die monosexuelle Kirche ist förmlich dafür geschaffen, die Pädophilie in ihren Reihen zu dulden und zu schützen, <u>dagegen nicht ihre Opfer</u>.

Die Kirche erkennt bis heute nicht die Gleich- berechtigung von Mann und Frau, geschweige denn das Vorhandensein von Menschen, die nicht der Mehrheit der Bevölkerung entsprechen an, siehe beschrieben die LGBTQ+Szene in Teil 2 dieses Buches.

In Deutschland genießen die Kleriker durch ihre Kirche einen speziellen Schutz, nicht aber ihre Opfer.

In den USA ist dies anders und
bei Bekanntgabe einer Straftat
schaltet sich dort die Staatsanwaltschaft ein.

[E] Missbrauch über Missbrauch an Minderjährigen durch Kleriker

Wird in Deutschland ein Priester, Ordens- geistlicher oder eine andere geweihte Person eines sexuellen Missbrauchs angezeigt, so ist in jeder katholischen Gemeinde zuerst der Anzeigeführende bzw. Ermittler der Geächtete.

Überall, wo Menschen in Deutschland im katholischen Milieu verwurzelt sind, ist dieses Verhalten zu sehen und nicht nur speziell im Bundesland Bayern.

So konnte man es auch in Hildesheim, Berlin und natürlich auch in Regensburg sehen und die Täter behalten doch tatsächlich meistens ihr Priesteramt, jedoch

um sie aus dem Blickfeld zu
nehmen, dann ohne Ausübung aber
natürlich weiterhin mit
Gehaltszahlung.

**[F] Aufklärung ist „Unsinn",
meinte Georg Ratzinger,
Bruder des Papstes Benedikt XVI.**

30 Jahre lang misshandelten
Lehrer und Priester bei den
Regensburger Domspatzen dutzende
Kinder unter der Leitung von
Georg Ratzinger.

Der verstorbene Bruder des
Papstes Benedikt XVI., **Georg
Ratzinger**, war seinerzeit der
Leiter der Regensburger
Domspatzen und hielt Aufklärung
für „Unsinn".

Georg Ratzinger hatte wohl
zugegeben, selbst Ohrfeigen
verteilt zu haben, jedoch wie
viele es in den 40 Jahren waren,
es schien für ihn nicht mehr von
Wichtigkeit zu sein.

[G] Vergewaltigungen an den Regensburger Domspatzen

Kinder wurden aber nicht nur geschlagen, sondern Übergriffe angefangen mit Streicheln bis zu **Vergewaltigungen** fanden statt. Dies war in den Jahren zwischen 1953 bis 1992 und **der Papst Benedikt XVI. äußerte sich nicht dazu** bzw. schob es auf die 1968er-Bewegung. Kein Wunder, denn sein Bruder war einer der Täter und Mitwisser.

Man kann sich vorstellen wie die Eltern der Brüder Ratzinger, ihre römisch-katholische Erziehung vorgenommen haben, wenn eine solche Einstellung bei ihren damals noch jungen Kindern bestand.

Der Bruder von Papst Benedikt, Georg Ratzinger verteilte Ohrfeigen und Schläge und er wusste von den Missbräuchen an den Regensburger Domspatzen. Einige der Jungs hatten ihm sogar von den Missbräuchen erzählt. Es geschah seitens Georg Ratzinger **nichts**.

Einer der Brüder Aiwangers verfasste judenfeindliche Hass-Pamphlete und verteilte diese auf dem Schulhof. Diese Hasspamphlete wurden zuhause bei den Aiwangers auf der Schreibmaschine verfasst. Und die Eltern bekamen nichts mit???

Welche Erziehung genossen diese Aiwanger- Brüder aus einer bayerischen Familie wie die Ratzingers und es wusste immer niemand davon?

Studien haben belegt, dass die kleinen Jungs und Sänger des Chores in Regensburg, ein Martyrium aus Schlägen, Strafen und sexuellem Missbrauch erlebten. 547 von Ihnen wurden laut Abschluss- bericht seit 1945 „mit hoher Plausibilität" Opfer von Übergriffen und die Dunkelziffer könnte wesentlich höher liegen. Junge Sänger - vom Drittklässler bis zum Abiturienten - wurden demnach geprügelt, gedemütigt und einige sogar sexuell missbraucht.

Einige wenige missbrauchte Kinder vertrauten sich dem Papst Bruder, Georg Ratzinger an, doch der schwieg. Die Übergriffe bei den Domspatzen fanden in zwei Vorschulen und einem Internat statt. In einem großen Teil des betroffenen Zeitraums wurden sie von Georg Ratzinger, dem Bruder des emeritierten Papstes Benedikt XVI. geleitet. Bereits im Grundschulinternat der Domspatzen-Vorschule, anfangs in Etterzhausen, fing der Missbrauch an; im Internat in Regensburg wurde weiter geschlagen und missbraucht.

Immer wieder versuchten einzelne frühere Domspatzen, auf die Zustände aufmerksam zu machen – ohne Erfolg.

Kontrollieren ließ sich das System aus Chören, Schulen und Internaten kaum.

Der Bericht erwähnt, dass es sich um eine Institution gehandelt hat, die alle Lebensbereiche der Schüler bis in intime Bereiche gesteuert und überwacht habe, der Erfolg des Chores sei über alles gestellt worden.

Pädagogische Kenntnisse und Interessen besaß übrigens Georg Ratzinger der Bruder des Papstes und Chorleiter der Regensburger Domspatzen, nach Ansicht der Forscher, wie so viele andere Verantwortliche, **nicht**.

Durch das hohe Prestige der Domspatzen und die Wertschätzung der Geistlichen habe man die Autorität kaum bezweifelt.

Sogar manche Eltern der Regensburger Domspatzen hätten entsprechend gedacht - und den Schilderungen ihrer Söhne nicht unbedingt geglaubt. Allerdings hätten viele Kinder die Schule

abgebrochen, zeitweise mehr als
70 Prozent eines Jahrgangs.

In einem 215-seitigen
Untersuchungsbericht handelt ein
ganzes Kapitel vom Bruder des
Papstes und Domkapellmeister
Georg Ratzinger.

Er war über Jahre die prägende
Persönlichkeit der Regensburger
Domspatzen und leitete den
Knabenchor von 1964 bis 1994,
also 30 Jahre!

In dem Bericht heißt es: „Er,
Georg Ratzinger, verfiel in
rasende, unkontrollierte
Wutausbrüche."

Im Bericht werden zahlreiche
Äußerungen ehemaliger Chorknaben
zitiert. Sie zeichnen das Bild
eines jähzornigen

Domkapellmeisters, der nur wenige
Lieblingsschüler hatte und auf
die Übrigen mit Gewalt losging.

[H] Georg Ratzinger riss Kindern Haarbüschel aus

Bei seinen Wutausbrüchen soll Ratzinger frechen Kindern **_ganze Haarbüschel ausgerissen_** haben.

Kinder ritzten sich an Armen und Beinen **und beteten zu Gott,** der dieses Martyrium beenden solle. Sie meinten, durch Ritzen Gott ein Opfer zu bringen.

Der damalige Generalvikar Michael Fuchs sagte nach Vorstellung des Untersuchungsberichts nur lapidar: „Wir haben alle Fehler gemacht ....".

Bemerkung des Autors: Herr Generalvikar, es fragt sich nur, welche Fehler damals gemacht wurden und wollen und sollen

nicht gerade Lehrer und Theologen
Vorbilder sein?

Über Georg Ratzinger teilte er
mit, der Papst- Bruder nehme
großen Anteil an der Aufarbeitung
der Vorkommnisse, so als würde
Georg Ratzinger gar nicht
persönlich damit zu tun haben und
von sexuellem Missbrauch habe er
außer in einem Fall nichts
gewusst.

Gerhard Ludwig Müller war
Regensburger Bischof und sprach
seinerzeit von Einzelfällen. Er
sah den ganzen Skandal damals vor
allem als eine riesige
Medienkampagne gegen die
katholische Kirche. Heute will er
sich offenbar nicht mehr zum
Thema Domspatzen äußern. Dafür
äußert er sich gegen die Ehe für
alle und fordert einen härteren

Umgang mit homosexuellen Menschen und eine Kurskorrektur.

Auch Frauen als Priester, sieht Müller als Irrtum an. Der neue Papst Leo XIV. denkt scheinbar ähnlich. Interviewanfragen lehnt Müller, **heute Chef der Glaubenskongregation in Rom**, aus Zeitgründen ab.

So wie im Fall Ratzinger es gerne als Medienkampagne dargestellt wurde, so nannte es auch Hubert Aiwanger über seinen Skandal mit dem Nazi Hetzblatt.

Und so wie es der Regensburger Bischof als Medienkampagne sah, so sah Trump die Anschuldigungen an ihn als Medienkampagne. So sah es Frau Alice Schwarzer ebenfalls als Medien- kampagne bei ihrer Steuerhinterziehung.

Und so wie der Papst Benedikt XVI. vom Buchautor Manfred Lütz als Aufklärer gesehen wird, so war dann wohl auch der Bruder des Papstes, Georg Ratzinger, kein Attentäter, sondern später der große Aufklärer?!

Buße tun, genau das, was uns die katholische Kirche rät, dass tun genau die katholisch Erzogenen bzw. in der Öffentlichkeit stehenden Ratzingers, Aiwangers, Schwarzer oder Trumps nicht.

Die Priester, Pfarrer, Lehrer, die minderjährige Kinder missbrauchten und durch die Kirche mit Versetzungen dann aus dem Blickfeld genommen wurden und immer noch werden, erhalten zusätzlich das Geschenk, weiter bezahlt zu werden und nichts dafür tun zu müssen. Das nennt die Kirche dann Bestrafung!

Dieses perfide System findet nicht nur in Deutschland statt, sondern es ist wie ein Handbuch für viele Länder, so auch beispielsweise in Spanien, Portugal, Frankreich, Italien und anderen Ländern.

Es ist in allen Ländern gleich:
- Junge minderjährige Kinder (Meistens Jungs), werden von Den Klerikern manchmal über Jahre oder sogar Jahrzehnte missbraucht.
- fällt dies auf oder wird es den Bischöfen gemeldet, so werden die Täter versetzt und können weiter ihre Straftaten an anderer Stelle begehen.

[I] Missetäter muss man schützen und tolerieren

Es ist fast nicht zu glauben, was der 2014 verstorbene Generalvikar des Erzbistums Würzburg von sich gab.

Zitat: *„Missetäter brauchen ein schützendes Umfeld,Sympathisanten und Personen in ihrem Umkreis, die sie tolerieren."*

Erst seit 2019 können Missbrauchtäter in Deutschland „lediglich" nach Kirchenrecht für ihre Schandtaten bestraft werden, vorher hatten die Verstöße gegen kirchliches Recht für sie keinerlei Konsequenzen.

2021 wurde in Frankreich von einer Untersuchungskommission zum sexuellen Missbrauch in der Kirche ein Bericht vorgestellt,

in dem es um **330.000** Missbrauchsopfer allein nur in Frankreich
ging!

Die Oberen der heutigen Kirche
dürfen nicht weiterhin bei Aufdeckung von Missbrauch durch ihre
amtlichen Träger den Tätern die
Amnesie verordnen.

Sobald Missbrauchsfälle ans
Tageslicht kommen, scheint bei
den Klerikern der Hippocampus
gestört oder defekt zu sein.

Um die Opfer hat sich die Kirche
bisher gar nicht oder nur wenig
gekümmert. Sie leiden bis heute
an Hass und Ekel.

Die betroffenen Kinder wurden von
Klerikern zum Teil zusammengeprü-
gelt, krankenhausreif geschlagen
und missbraucht. Keiner hat Ein-

halt geboten.

Die meisten der kirchlichen Opfer leiden zum Teil noch heute unter Beziehungsproblemen nach der Tat und sind über viele Jahre in psychologischer Betreuung. Viele von ihnen landeten in Psychi-atrien. Dies sollte auch ein Buchautor und Psychiater der Kirche, Manfred Lütz aus Erfah-rung wissen.

Das wenige Geld, womit die Kirche versucht, ihre Schandtaten zu vertuschen, heilt nicht den innerlichen, jahrzehntelangen Schmerz der Opfer.

[K] Studien über Missbräuche in den kirchlichen Institutionen

In der katholischen Kirche Deutschlands wurden laut Missbrauchsstudien Tausende sexuelle Übergriffe dokumentiert. Tausende Kleriker haben sich von 1947 bis 2014 an Schutzbefohlenen vergangen. Und der Missbrauch dauert nicht nur offenbar, sondern immer noch an.

– 1) Dies ist das Ergebnis der MHG-Studie, dem Report eines Forschungskorsortiums der Universitäten Mannheim, Heidelberg und Gießen **siehe Anhang 1** (Auszüge aus der Studie) *https://www.dbk.de/fileadmin/ redaktion/diverse_downloads/dossiers_2018/MHG-Studie-gesamt.pdf*

Bei diesem Bericht der MHG-Studie wurden mehr als 38.000 Personal- und Handakten aus 27 deutschen Diözesen untersucht und ausgewertet. Für den Zeitraum von 1946 bis 2014 zählt die Studie 3677 überwiegend männliche **Minderjährige** als Opfer sexueller Vergehen.

Mehr als die Hälfte der Opfer waren zum Tatzeitpunkt **maximal** 13 Jahre alt. In etwa jedem sechsten Fall kam es zu unterschiedlichen Formen der Vergewaltigung. Drei Viertel aller Betroffenen standen mit den Beschuldigten in einer **kirchlichen oder seelsorgerischen** Beziehung.

– 2) Ebenso Ergebnisse aus dem Gutachten der Rechtsanwälte Westphal-Spilker WSW Gutachten -Erzdioezese-München.

https://westpfahl-spilker.de/ wp-content/uploads/2022/01/WSW- Gutachten-Erzdioezese-Muenchen- und-Freising-vom-20.-Janu- ar-2022.pdf

– 3) Bericht zu Missbrauch in der Christusträger Bruderschaft e.V. Triefenstein am Main
https://www.christustraeger- bruderschaft.org/site/assets/ files/1915/bericht_zu_miss- brauch_ct-bruderschaft.pdf
2) Zitat Spiegel Panorama:
Die vorliegenden Zahlen werden als konservative Annahme bezeichnet, da natürlich keine Erkenntnisse über das Dunkelfeld erlangt wurden, so schreiben die Autoren der Studie."Damit unterschätzen alle Häufigkeitsangaben die tatsächlichen Verhältnisse".

Zu 2 Zitat: Quelle: Spiegel Pano-
rama schreibt weiter

Es gibt keinen Anlass zur
Annahme,"dass es sich beim
sexuellen Missbrauch Minderjähri-
ger durch Kleriker der katholi-
schen Kirche um eine in der Ver-
gangenheit abgeschlossene und
mittlerweile überwundene Thematik
handelt". Die Serie der Miss-
brauchsfälle dauerte bis zum Ende
des Untersuchungszeitraums an.

Spiegelzitatende

3)Quelle:Auszug Zitat: Stern PLUS
v. 19.03.2010

Ein Missbrauchsopfer, Bernhard
Rasche, hat den Missbrauch 2008
beim Bistum Würzburg und beim
Orden der "Missionare der heili-
gen Familie" angezeigt. Der
beschuldigte Pater hat gestanden,

16 Schüler missbraucht zu haben.
Er wurde des Amtes enthoben, <u>darf</u>
<u>*aber unter Auflagen im Orden ver-*</u>
<u>*bleiben.*</u>
   Stern PLUS Zitatende

Wie kann das bitte sein!!!

Es ist für mich als Autor wichtig
und ein großes Anliegen, Themen
wie diese immer wieder in die
Gesellschaft zu tragen.

Ich blickte bei meinen Recherchen
in Abgründe der Seelen von
Amtsträgern der Kirche. Es darf
nicht der Deckel des Schweigens
über allem ausgebreitet werden.

**Sollte es Jesus gegeben haben,
dann hat er sich sicherlich die
noch immer reich mit Geldern
versehenen kirchlichen
Institutionen, mit ihren in Prunk**

lebenden Amtsträgern und vielen pädophilen Klerikern, nicht für die Verbreitung seiner Lehre gewünscht.

Jesus von Nazareth musste, so schreibt es die Kirche, von seiner Hände Arbeit leben. Er war angeblich ein einfacher Zimmermann, Mensch und nicht Gott. Maria ist also Jesu Mutter und nicht Gottesmutter.

In der Bibel, die nicht Gotteswort, sondern Menschenwort ist, wurde vieles durch die Kirche verdreht, entsprechend ihren Vorstellungen verfasst und Erbsünde, Hölle und Teufel dazu erfunden.

[L] Homosexualität und Kirche

Ebenso das Thema Homosexualität.
An keiner Stelle verurteilt die Bibel Homosexualität!

Bibelstellen wurden und werden gerne von den Pfarrern und Bischöfen missverständlich bezeichnet. Nirgends in der Bibel lässt sich ableiten, wie man sich heute als Christ oder Christin auf das Thema Homosexualität positionieren muss.

Die Bibel sagt nichts über Homosexualität aus, wie wir es heute verstehen. (Siehe Teil II).

Die Vorstellung von einer homosexuellen Partnerschaft gab es damals noch nicht.

Bischöfe berufen sich auf biblische Aussagen und werden

ohne jeden Kontext benutzt und wortwörtlich gelesen. Es werden gerne biblische Texte und Worte als verpflichtend angesehen, wenn sie das bestätigen, was man selbst für richtig oder gut hält.

In der Bibel wurde hinsichtlich der Beziehung zwischen David und Jonatan <u>von Liebe</u> gesprochen. Ob die Beziehung sexuelle Aspekte hatte, blieb in der Erzählung offen. Die Bibel betont, dass sie ihre Herzen und Seele miteinander verbanden.

Deutlich wurde in der Beziehung zwischen Rut und Noomi benannt, dass die Lebensbeziehung von <u>großer Tiefe und Verbindlichkeit</u> war. Diese Passage wird interessanterweise gerne in der Hochzeitsliturgie verwendet.

„Wohin du gehst, dahin gehe auch ich, und wo du bleibst, da bleibe auch ich." Das Versprechen zwischen zwei Frauen lautet in der Bibel: „Dein Volk ist mein Volk und dein Gott ist mein Gott."

Hier sollte man wissen, dass nicht die Kirche die Homosexualität als nicht gottgewollt verurteilt, sondern bestimmte kirchliche Kreise.

Diese Verurteilungen sind pauschal unangemessen, insbesondere sie im Namen Gottes zu fällen.

Papst Franziskus sagte zum Thema Homosexualität:
   Zitat: „Was steht es mir zu, Homosexualität zu richten, Gott hat uns so geschaffen, wie wir

sind."

Die Homophobie bzw. der Hass auf
queere Personen geht nicht allein
von unserer Bevölkerung aus,
sondern sie wird durch bestimmte
Kreise der Kirche, bestimmte
Pfarrer und Kleriker geschürt und
zum Zwecke der Ablenkung von
ihren Missbräuchen und
Verfehlungen gerne angewandt.

Bischöfe und Kardinäle fällen
unangemessene Urteile und führen
ihr eigenes Leben in Saus und
Braus mit Verschwendungen von
Kirchengeldern und Missbräuchen.

[M] Doppelmoral

Auch die Doppelmoral in der Kirche zur Homosexualität ist zu erwähnen.

Der gebürtige polnische Theologe Krzysztof Charamsa arbeitete 13 Jahre in der römisch- katholischen Glaubenskongregation in Rom.

Als Josef Ratzinger Papst war, wurde Charamsa Nachfolger von Georg Gänswein. Während seiner Jahre im Vatikan verheimlichte Charamsa seine Liebe zu Männern, weil die katholische Kirche Homosexualität als eine Todsünde betrachtet.

Inzwischen ist der Theologe von allen seinen kirchlichen Ämtern suspendiert, denn er wagte sein Coming-Out.

Priester Krzysztof Charamsa mit Partner

Quelle: Foto Luciano del Castille/dpa 2015
Krzysztof Charamsa mit Partner

3) Genehmigung zur Veröffentlichung des Fotos von Herrn Krzysztof Charamsa mit Partner liegt mir von Herrn Charamsa persönlich vor.

Im Buch des Theologen Krzysztof Charamsa „Der erste Stein", das der „Stern" in Auszügen veröffentlichte, gibt der Priester erstaunliche Einblicke in die homophobe Struktur der katholischen Kirche und berichtet von der Doppelmoral im Vatikan.

4) Quelle: Zitat: Krzysztof Charamsa

„Auf der Grundlage meiner persönlichen Erfahrungen **gehe ich davon aus, dass ungefähr die Hälfte aller katholischen Geistlichen schwul ist.** "Homosexualität sei beim Klerus „eine Obsession" gewesen – in der Öffentlichkeit wird sie verurteilt, hinter verschlossenen Türen laut Priester Charamsa ausgelebt.

Zu 4)Zitat Charamsa:

„Ratzinger verstand es vorzüglich, den Hass auf die Homosexuellen zu verschärfen". „Wenn ich jedoch (...) an die Jahre zurückdenke, in denen er Papst war, dann steht mir ein Pontifikat vor Augen, in dem es im Vatikan so schwul zuging, wie wohl nie zuvor in der Neuzeit."

Es sei eine Periode gewesen, in der „das ganze schwule Szenarium, welches Rom der Barockzeit zu bieten gehabt hatte, wieder auflebte." Mit „roten Schühchen" und „sorgfältig choreografierten Prozessionen". Auch erinnert Charamsa an eine Audienz muskulöser Akrobaten beim Papst. Die Männer, die 2010 im Vatikan auftraten, sollen schon beim „Gay Circus" in Barcelona bewundert worden sein.

[N] Prunk und Millionenausgaben für Bischofssitze

Vereinzelte Bischofssitze verschlingen oder verprassen über 30 Millionen und Diözesen stecken trotz ihrer horrenden Einnahmen doch angeblich in finanzielle Krisen.

Die Erzdiözese München und Freising wurde für mehr als 31 Millionen Euro umgebaut, mit Rechenzentrum für zusätzliche 1,5 Millionen.

Den Großteil zahlte der Freistaat Bayern, lediglich 2,2 Millionen zahlte die Kirche.

Nach Angaben des Bistums wurde das Gebäude in der Münchner Innenstadt 2006 für 86 Millionen Euro gekauft, durch „**Umschichtung**

<u>von Mitteln aus dem
Immobilienbereich`</u> bezahlt!!!

[O] Deutsche Bischöfe und ihre Mitschuld

Heute zahlt die Kirche an Missbrauchsopfer durchschnittlich lächerliche 22.000,-- Euro und jammert, dass sie ihre Bischofssitze eventuell nicht halten kann.

Das Bistum kaufte in Rom für den Bischof aus München dann noch eine Villa für 10 Millionen Euro für die Repräsentation ihres Bischofs dazu.

Es sind keine bischöflichen Sitze, sondern es sind bischöfliche Paläste.

Dann baute das Erzbistum München noch für 130 Millionen Euro unter Marx ein neues Ordinat. Kritik gibt es kaum. Es findet ja

außerdem im Freistaat Bayern
statt.

Das Bischofshaus neben dem
Limburger Dom kostete schlappe 31
Millionen, was vom bekannten
Bischof Tebartz- van Elst,
wissentlich falsch angegeben
wurde und die Kosten für den
Gesamtbau der Wohnung des
Bischofs rechnete dieser noch auf
200.000,-- Euro runter, jedoch
sein Zierfischwasserbecken
kostete schon einmal „nur"
213.000,-- Euro.

Eine Privatkapelle musste auch
noch her, die normale Kapelle
reichte scheinbar nicht aus.

Der Prunk-Bischof hat gelogen,
dass sich die Balken biegen, aber

diese Schandtaten vergibt die Kirche ihren Klerikern, wie auch die Missbräuche.

Wo wird bitte klar von den Bischöfen zu den sexuellen Missbräuchen an minderjährigen Kindern und Jugendlichen durch Priester, Ordensgeistliche oder andere geweihte Personen in Deutschland Stellung genommen?

Zunehmend auf öffentlichen Druck versuchten sich vereinzelte, jedoch viel zu wenige Bischöfe an der Aufarbeitung der Missbrauchskrise. Auch Kardinal Marx als Vorsitzender des Deutschen Bischofskonferenz versuchte diese Aufarbeitung, jedoch leider ziemlich spät.

Es kann und darf nicht, wenn es sich um pädophile Täter der

Kirche handelt, dass zuerst geschaut wird, warum und wieso diese Person die Missbräuche beging und ob man diese pädophile Person aus dem Blickfeld nimmt und anderweitig für die Kirche einsetzt.

Diese pädophilen Personen gehören weder in die Institution Kirche noch dürfen sie sich anderswo bei ihrer Tätigkeit mit Kindern befassen und müssen unverzüglich, egal welcher Vorwurf im Raum steht, vollständig und für immer entlassen und der weltlichen Justiz zugeführt werden. Gerne kann im Nachhinein eine Behandlung unter ärztlicher Kontrolle durchgeführt werden.

„Können sich diese Kleriker nicht mehr schämen, in Prunk zu leben, während Millionen Menschen vor

Hunger sterben?" Wir sehen es derzeit in Äthiopien, wo Kinder in Krankenhäusern sterben müssen, da weder Essen noch Medikamente vorhanden sind. Was würde Jesus sagen, wenn dieser jemals gelebt hat und auf die Erde zurückkäme, liebe restliche Kirchgänger?

Es „glauben" Millionen von Menschen daran, dass Jesus gelebt hat, doch es gibt keinen stichhaltigen Beweis dafür und so wurde dieser Existenzbeweis auch in über 2000 Jahren nicht erbracht, jedoch wurde auch das Gegenteil, dass es Jesus Christus nie gegeben hat, nicht bewiesen.

Bekannt dürfte uns allen jedoch sein, dass die Institution Kirche dieses Phantom geschaffen hat, jedoch würden sie auch das niemals zugeben, da dann alle in Luxus und Prunk lebenden Kleriker ihre letzte Autorität verlieren würden und sie um ihre Existenzberechtigung beraubt wären.

Die christliche Kirche hat viele Jahrhunderte hindurch den Menschen großes Leid zugefügt und macht dies durch ihre Missbrauchsfälle und andere Missetaten noch heute.

Die Kirche stellte Morde zu einem Rechts- grundsatz der christlichen Kirche und führte diese Verbrechen unter Päpsten aus.

Sie verdrängt und missachtet noch heute Homosexuelle, obwohl an keiner Stelle in der Bibel dies direkt erwähnt wird. Auch wenn es erwähnt wäre, so ist dies nicht das Wort Gottes oder Jesus Wort, sondern die Bibel wurde von Menschen geschrieben und nicht von Gott.

Gläubige Christen übernehmen diese von Klerikern falsch aufgestellten Behauptungen und verachten queere Menschen.

Alle Ungerechtigkeiten, die früher und noch heute im Namen Jesu geschehen, kann die Kirche jemals wieder gut machen und sie versucht heute noch, diese zu vertuschen.

[P] Berufungen nach ROM

Der Bischof Tebartz-van Elst lebte in Limburg in Saus und Braus.

Nach Abberufung des Bischofs aus Limburg wurde extra für Tebartz-van Elst in Rom ein neuer Posten kreiert.

Er ist jetzt Kurienbischof in Rom und Apostolischer Delegat im Dikasterium für die Evangelisierung mit Zuständigkeit für die Katechese.

Manfred Lütz, Psychiater, Buchautor und Berater des Papstes, ist seit 2004 ordentliches Mitglied der päpstlichen Akademie für das Leben und ebenfalls in Rom tätig.

Man beachte „Akademie für das Leben". Und dann mit diesen Einstellungen zu Morden, Hinrichtungen und Todesopfern durch die katholische Kirche, wie passt das zusammen?

Es passt gut für den Berater des Vatikans und er füllt seine Stelle als Berater des Vatikans glänzend, im Sinne der Kirche mit entsprechenden ~~Fehl~~-Interpretationen aus.

[Q] Erneuter Prunk in Limburg Museum Tebartz-van Elst

Der frühere Bischofssitz in Limburg wurde auf Grund aller angehäufter Reichtümer durch Tebartz-van Elst und trotz Verschwendung von Millionen nach seinem Auszug, unter dem Nachfolger Bischof Dr. Bätzing, als Museum umgebaut.

Dieser Umbau kostete dann erneut 225.000,-- Euro. Warum auch nicht, die Kirche hat ja sonst kein Geld!

Der Nachfolger des Prunk-Bischofs, Bischof Dr. Georg Bätzing der diesen Umbau unterstützt, sieht das wohl auch noch als völlig normal an.

Es werden jetzt tatsächlich

Führungen durch diesen Prunk-Sitz vorgenommen, für die man Eintritt zahlen muss, und man darf zusätzlich auch gerne spenden. Schämen sich diese Bischöfe denn wirklich in keiner Weise mehr?

Also zuerst wurde das Geld der Gläubigen in Limburg verprasst und danach erwartet das Bistum erneut Spenden. Welche Dreistigkeit steckt in den Köpfen einiger Bischöfe.

[R] Man gönnt sich ja sonst nichts Audi A8 für 90.000,-- Euro

Ebenfalls scheint es der Nachfolger des Prunk-Bischofs Tebartz-van Elst, Bischof Dr. Bätzing, normal zu finden, dass er, sowie auch Weihbischof Dr. Thomas Löhr, neue Dienstwagen erhält, angeblich graue Audi A8 mit einem Hybrid-Diesel mit 210 KW/286 PS, Grundpreis 90.000,-- Euro, aber dann bitte gleich 2.

Schämt Bischof Dr. Bätzing sich nicht, über den Papst Franziskus nach seinem Tod, zurückblickend, Lobhudeleien auf dessen einfaches Leben in Rom im Fernsehen zu machen.

Papst Franziskus fuhr in einem kleinen Fiat zu seinen Aufgaben und Bischof Dr. Bätzing fährt im dicken Mercedes.

Auch ein Diakon des Bistums Limburg (Ex-Büroleiter von Bischof Dr. Georg Bätzing) ist (so nebenbei) mit kinderpornografischem Material erwischt worden!

Die Kirche meint, er ist dafür hart bestraft worden, denn er darf in den kommenden fünf Jahren nicht als Diakon arbeiten. Auch das staatliche Ermittlungsverfahren wurde durch eine Zahlung von 12000,- Euro beendet.

Wie schön für den ekelhaften, perversen Diakon, denn sein Gehalt bekommt er weiterhin, obwohl er nicht als Diakon arbeiten muss. Somit kann er sich

sicherlich seinen
Lieblingsbeschäftigungen noch
intensiver widmen.

Ja, kann das sein, gehört er
nicht für immer seiner Ämter
entbunden? Oh, ich habe etwas
vergessen. Gehört dieser Diakon
nicht auch hinter Gitter?

Was versteht die Institution
Kirche nicht, kennt sie keine
Skrupel, dürfen sich Pfarrer,
Bischöfe udgl. in hohem Maße
bereichern und alles erlauben?
Gehören sie nicht umgehend
suspendiert und aus der Kirche
entfernt und bestraft, wenn
Kindesmissbrauch insbesondere mit
Minderjährigen stattfindet!?

[S] Hilfe aus Bayern - immer wieder gern

Nach seinem unter Druck geratenen Amt, und dann „verlangten" Verzicht auf das Amt des Bischofs von Limburg, im Herbst 2013, musste Tebartz-van Elst im Mai 2014 die Limburger Bischofsresidenz verlassen und er zog <u>auf **Einladung** des bayrischen Diözesanbischofs Rudolf Voderholzer zuerst einmal nach Regensburg.</u>
 Man hilft sich ja gerne und besonders die Bayern sind zu ihren Kirchenfürsten überaus hilfsbereit.

Über die Höhe der Pension des Prunk-Bischofs schweigt die katholische Kirche. Das mediangehalt eines katholischen Pfarrers liegt laut Bundesagentur für Arbeit bei 5318 Euro brutto. Bischöfe verdienen je nach Bundesland unterschiedlich. In Bayern sogar bis zu 13.000 Euro im Monat.

Das Gehalt des verschwenderischen Tebartz- van Elst wurde von Experten auf zirka 5000 bis 6000 Euro geschätzt. Zusätzlich erhält Tebartz-van Elst noch ein Gehalt des Vatikans, ebenfalls in unbekannter Höhe.

[T]Prunk Bischof Tebartz-van Elst

Der Prunk-Bischof, der besonders schicke Badewannen bevorzugte, wurde, nachdem alles aufflog und an die Öffentlichkeit kam, im Jahre 2015 in den Vatikan berufen und lebt auch dort gut auf Kosten des Staates (Staat Deutschland).

Die Badewannen sind nicht nur vom feinsten, sondern man kann sagen „Die Badewanne ist voll", vollgefüllt mit Geld für diese Amtsträger.

Wenn man sich bei Youtube einen Rundgang durchs Luxus-Bischofshaus in Limburg ansieht, muss es einem doch schlecht werden, in welchem Prunk sich einige Bischöfe sudeln...... und es tatsächlich für normal halten!

Kardinäle oder sonstige Zuständige der Kirche halten es tatsächlich für so normal, dass sie darüber noch ein Video mit Rundgang durchs ehemalige Bischofshaus bzw. jetzt Museum, in Youtube (Stand Juli 2023) setzten.

[U] Vermögen der Erzbistümer

Ein Beispiel über das Vermögen der Erzbistümer ist der erzbischöfliche Stuhl in Paderborn.

2020 wurde das Vermögen mit **7,15 Milliarden** Euro (6 erzdiözesane Stiftungen inbegriffen) beziffert und offengelegt.

Erzbistum München-Freising hat derzeit ein Vermögen von **5,5 Milliarden,** Berlin „nur" **590 Millionen.**

Schätzungen über das Vermögen der beiden Kirchen liegen bei insgesamt **435 Milliarden** Euro. Der Politikwissenschaftler Carsten Frerk schätzte bereits 2013 das Vermögen der Katholischen Kirche allein in

Deutschland auf bis zu 200 Milliarden.

<u>Die Kirche hat noch nie so viel Kirchensteuer eingenommen wie derzeit.</u> Bereits 2015 kassierten sie 12 Millionen Euro Kirchensteuer. Die Kirchen profitieren entsprechend von den höheren Löhnen. Sie haben so stark profitiert, dass sogar Kirchenaustritte damit locker kompensiert wurden.

Es werden mit diesen Einnahmen die satten Gehälter der Pfarrer finanziert und „man glaubt es kaum", ein **bisschen** auch die Gemeindearbeit.

Für andere soziale Aufgaben wie das Betreiben von Kindergärten, Krankenhäusern oder Schulen bekommen die Kirchen <u>staatliche</u>

<u>Zuschüsse</u>. Die Institutionen schmücken sich aber gerne mit kirchlichen Namen, damit der Eindruck bei der Bevölkerung entsteht, dass hier die Kirche alles für die Einrichtungen übernimmt. Dies ist falsch.

Es sind auch bei Weitem nicht die einzigen Leistungen des Staates an die Kirchen.

Sowohl die katholische als auch die evangelische Kirche erhalten zusätzlich immer noch eine jährliche Entschädigung **für Enteignungen im 18. und 19. Jahrhundert.** Damals gingen im Zuge der Säkularisierung kirchliche Grundstücke an den Staat.

Im Gegenzug sagten die Fürsten zu, für die Kirchen zu sorgen.

1919 wurden diese Staats-
leistungen in der Weimarer
Reichsverfassung verankert,
später fanden sie ihren Weg ins
Grundgesetz.

Der deutsche Staat zahlt also
immer noch **jährlich** als
Entschädigung **über 500 Millionen**
Euro an die Kirchen **zusätzlich**
zur Kirchensteuer.

Aufkommen müssen dafür „**alle**"
Steuerzahler, also **nicht nur**
Kirchenmitglieder, sondern auch
die, die nicht Mitglied einer
Kirche sind. Dies ist in keiner
Weise mehr zeitgemäß!

Bei dem blamablen Verhalten des
Prunk-Bischofs aus Limburg
scheint es ja fast so, als würde
der Papst solche Amtsträger für
ihr schamloses Verhalten noch

honorieren, denn dieser Prunk-Bischof wurde seit 2015 bis heute (2025) nach Rom berufen.

Übrigens geht es dem Limburger Bischof in Rom sehr gut. Er erhält z. B. (Stand 2022) noch Gehalt von seinem Bistum aus Deutschland. Das Bruttogehalt eines Bischofs liegt zwischen 6.428,-- und 8.860,-- Euro.

Gehalt wird jedoch nicht durch die Kirche bezahlt, sondern die deutschen Bundesländer, der Staat, wir Steuerzahler (Ausnahme Bremen) zahlen auch diesen Prunk-Bischof weiterhin.

Übrigens für Rom ist ja auch der Buchschreiber, Arzt (Psychiater) und Dipl.-Theologe Manfred Lütz als Berater des Vatikans tätig.

Herr Lütz, wie wäre es, wenn sie als Berater des Vatikans sich aktuell bei Diskussionsrunden auch dazu äußern, dass Führer aller Religionen sich zu ihrer Mitverantwortung für den Weltfrieden, Gewaltlosigkeit, Nächstenliebe und Vergebung bekennen sollten?

Leider sind Fälle wie Bischof Tebartz-van Elst keine Einzelfälle und zur Buße ist dieser Bischof bisher nicht bereit gewesen, im Gegenteil, er wies jegliche Verantwortung für die Skandale von sich, obwohl er beweisbar ständig log.

Aber wenn die Pfarrer, Bischöfe und sogar Päpste Wahrheiten verschweigen (siehe Papst Benedikt XVI.), warum sollten dann nicht auch Bischöfe lügen?

Zum Ukraine-Angriffskrieg hört
man ebenfalls wenig von der
Kirche oder von den Vertretern
oder Beratern des Vatikans,
sondern nur armselige
Stellungnahmen, obwohl Tausende
von Menschenleben geopfert wurden
und noch werden.

[V] Wenige Ausnahmen bei Verschwendung und Prunk

Es gibt aber auch Ausnahmen, wenige, aber es gibt sie, z.B. in Görlitz.

Bischof Wolfgang Ipolt lebt bescheiden. Für Reisen nutzt er den Zug. Der Bischof kommt meist mit dem Fahrrad oder seinem gebrauchten Opel. Er bewohnt ein Einfamilienhaus mit knapp 100 qm Wohnfläche.
   Oder

Magdeburg: Bischof Gerhard Feige legt keinen Wert auf Pomp. Er bewohnt eine Drei-Zimmer- Wohnung in einem Haus, das der Kirche gehört. Privat fährt der 61-Jährige einen VW Golf. Für Fahrten im Auftrag des Herrn steht ihm aber auch ein

Dienstwagen zur Verfügung.

2022 lag das Grundgehalt eines Bischofs beginnend zwischen 8.000,-- Euro und mehr. Landesbischöfe oder Kardinäle bekommen rund 11.500,-- Euro monatlich. Sie wohnen nahezu mietfrei und verfügen über Dienstwagen mit Chauffeur, wofür sie weitere Zulagen erhalten.

Die Bundesländer (wir Steuerzahler) zahlen (Ausnahme Bremen) in der Regel auch noch Weihbischöfe, Dignitäre, Kanoniker, Domkapitulare, Oberkirchenräte, Dom-Mesmer und sogar noch den Weihrauch udgl. für die Dom-Messen.

[W] Die dubiösen Geschäfte der Diözesen in Amerika

Diözesen ließen fast **50 Millionen Euro** in ungesicherte Darlehen nach Amerika fließen, sie dürfen dies tun, denn sie können allesamt autonom agieren.

Die betuchten und umsorgten Kleriker leben auf Kosten der zahlenden Mehrheit wie die Maden im Speck - andere (für die Kirche anscheinend dumme Menschen) sterben an Hunger.

Diese Amtsträger der Kirche müssten doch vor Scham im Boden versinken, da gerade sie es sind, die uns **belehren und hohe Wertmaßstäbe an die Gläubigen stellen**, jedoch sich selbst in keiner Weise daran halten und ganz bestimmt keine Leitbilder unserer Gesellschaft sein können.

[X] Keine Reue oder nur sehr geringe Reue bei Klerikern

Die Kirchenmänner sind offensichtlich nicht mehr in der Lage, sich selbst zu beobachten und in eine selbstkritische Beziehung einzutreten. Sie sind noch nicht einmal in der Lage, Reue in Sachen Kindesmissbrauch mit Minderjährigen zu zeigen und ihr Verhalten konkret zu ändern, denn nur die Bischöfe selbst wären hierzu in der Lage.

Das Zölibat scheint bei den kirchlichen Amtsträgern zu einer gestörten Sexualität zu führen und man sollte dort durchaus einen Zusammenhang zu den sexuellen Übergriffen auf Kindern in katholischen Institutionen sehen.

Dies kann nur mit ein Grund dieser Verbrechen sein, denn es handelt sich **nicht**, wie die Kirche es gerne kleinreden möchte, um Einzelfälle.

[Y] Die Kirche zerstört sich selbst

Beobachter des Kirchensystems können feststellen, wie sich dieses System Kirche durch ihre Überheblichkeit selbst zerstört, denn unzählige gläubige Christen treten aus der Gemeinschaft Kirche aus.

Pfarrer, Pastoren, schauen auf leere Kirchenbänke. Dies haben ganz allein die Kleriker der Kirche selbst zu verantworten, nicht ihre Kirchgänger.

Täglich Moral predigen und selber ein Leben voller Luxus und Missbrauch führen, passt nicht zusammen und besonders junge Menschen kehren der Kirche angeekelt den Rücken zu.

[Z] GUTACHTEN: über die Missbrauchsfälle mit Minderjährigen durch Kleriker

Die in der Gegenwart aufzuarbeitenden pädophilen Verbrechen mit Minderjährigen durch Kleriker, die in dem in Auftrag gegebenen, unten aufgeführten Gutachten zum sexuellen Missbrauch beschrieben sind, belegen das Unheil, welches seit Jahrhunderten durch Kirchendiener „vollbracht" wurde, siehe Gutachten, diese sind alle real und leider nicht fiktiv.

Die nachfolgend aufgeführte Internetseite mit als PDF-Datei herunterzuladendes Gutachten, wurde mit Genehmigung für den Autor, durch die Rechtsanwälte Westpfahl, Spilker, Wastl, Tierschplatz 6, München, hier

<u>aufgeführt und in Teilen zitiert:</u>

Jedem meiner Leser lege ich diese PDF-Datei sehr ans Herz. Sie drückt nach meiner Auffassung detailliert mit Zahlen und Fakten die kriminellen Machenschaften der Kleriker aus.

5)Quelle: Gutachten Westphal-Spilker 20.01.2022 mit Downloadverweis:

   https://westpfahl-spilker.de/wp-content/uploads/2022/01/WSW-Gutachten-Erzdioezese-Muenchen-und-Freising-vom-20.-Januar-2022.pdf [3])

   Dieses Gutachten geht bis zum Jahre 1945 zurück. **Hinweis: Genehmigung zur Verlinkungsangabe an dieser Stelle, durch Rechtsanwälte: Westpfahl, Spilker, Wastl München, liegt dem Autor vor.**

Es gibt kaum ein Dekanat im
Bistum, in welchem es seit 1945
nicht zu sexualisierter Gewalt
gekommen ist. Serientäter wurden
immer wieder neu versetzt und
konnten ihren Opfern Leid antun.

Priester wurden zum Teil über
14-mal versetzt.

[AA] Rücktrittsgesuch von Kardinal Marx

Wenn es überhaupt eines Lobes bei der Aufarbeitung dieser Verbrechen durch die Kirchenoberen bedarf, so ist es das Rück- trittsgesuch von Kardinal Marx aus München an den Papst, welches der Papst dann ablehnte. Warum auch immer Herr Kardinal Marx dies seinerzeit tat, verschiedene Vermutungen kommen bei dieser Handlung auf.

6) Quelle: Zitat: Kardinal Marx, Wikipedia/Literaturverzeichnis
   Im Brief vom Kardinal an den Papst stand:
   „Es gehe im Kern darum, Mitverantwortung zu tragen für die Katastrophe des sexuellen Missbrauchs durch Amtsträger der Kirche in den vergangenen

Jahrzehnten; es habe viel persönliches Versagen und administrative Fehler gegeben, aber eben auch institutionelles oder systemisches Versagen."

  Zitat Wikipedia Ende

Sollte dieses o.g. Zitat inhaltlich und im Wesentlichen der Richtigkeit entsprechen, so sehe ich meine Darlegungen in Sachen sexuellem Missbrauch durch Amtsträger in vielen einzelnen Punkten, durch die Aussage von Kardinal Marx bestätigt.

Im katholischen Online-Magazin vom 24. Sept. 2018 wurde Kardinal Marx bei der Herbstvoll-versammlung der Deutschen Bischofskonferenz in Fulda mit den Worten zitiert: **„Die Menschen glauben uns nicht mehr."**

7) Ich zitiere weiter Kardinal Marx aus Kirche + Leben vom 24. Sept. 2018:

Nach den Worten von Kardinal Reinhard Marx *steht die katholische Kirche angesichts des Missbrauchsskandals an einem Wendepunkt. Es gehe um den Umgang mit den Opfern, aber auch um die Zukunft und die Strukturen der Kirche,* sagte der Vorsitzende der Deutschen Bischofskonferenz in Fulda zum Auftakt der Herbstvollversammlung der Bischöfe.

Eindringlich rief Marx die deutschen Bischöfe zu einem gemeinsamen und konsequenten Vorgehen als Antwort auf die Studie über sexuellen Missbrauch durch Geistliche auf: „Hier geht es nicht um Stimmung und persönliche Befindlichkeiten, es geht um die Opfer und um die Zukunft der Kirche", betonte der Kardinal: „Die Menschen glauben uns nicht mehr. Wir müssen handeln und dann hoffen, dass man uns wieder vertraut."

Die wissenschaftliche Untersuchung zum Missbrauch zeige, so Marx weiter: „Wir müssen viel weiter gehen: hinhören, verstehen, Konsequenzen ziehen." Dabei gehe es insbesondere um Fragen der „systemischen Gefährdung", etwa um den Umgang mit Macht in der Kirche. Auch müsse man noch genauer hinschauen, wer, wofür verantwortlich war und ist, ergänzte der Kardinal.

Marx vermutet weiteren Forschungsbedarf, vor allem auf der Ebene der Bistümer.

Er halte es für wahrscheinlich, dass nicht alle Fälle in den Akten vermerkt seien.

Damit hat Kardinal Marx völlig recht, dass nicht alle Fälle vermerkt sind, denn es gab ja in jeder Diözese den Giftschrank mit den Giftakten der verbrecherischen Kleriker. Außerdem wurden diverse Aktenvernichtungsaktionen durchgeführt.

Leider blieb es bei der Herbstvollversammlung der Deutschen Bischofskonferenz im September 2018 im Fuldaer Dom nur bei vollmundigen Versprechungen.

Am 27. Mai 2019 stellt sich der damalige NRW-Ministerpräsident Laschet, (römisch- katholisch) in die Öffentlichkeit und lobte doch tatsächlich den Umgang der katholischen Kirche in Sachen Missbrauchsskandal.

Kirchenkritiker sind der Meinung, dass das Verfallsdatum der Kirche längst überschritten ist. Die Amtsträger der Kirche merken es jedoch nicht und sie halten durch ihre Geld- und Habsucht nicht von ihrem falschen Tun ab. Hinter Habgier steckt im Grunde: „Ich will nichts abgeben, der Arme auf der Straße ist ja selber Schuld an seinem Schicksal."

[AB] Kirchliche Amtsträger kennen die Bibelverse nicht!

Viele Kleriker kennen weder das „Vater unser ...." noch die folgenden Bibelverse, obwohl sie doch selbst von der Kirche geschrieben und verfasst wurden.

Lukas 12:15:
  „Dann sagte er zu allen: Passt auf, und nehmt euch vor jeder Art von Habsucht in Acht! Denn auch wenn einer noch so viel besitzt, kann er sich Leben nicht kaufen."

1 Timotheus 6:7-8: *Was haben wir denn in die Welt mitgebracht? Nichts! Und wir werden auch nichts mitnehmen können, wenn wir sie verlassen. Wenn wir also Nahrung und Kleidung haben, soll uns das genügen.*

1 Timotheus 6:9 „*Wer unbedingt reich werden will, wird sich in einem Netz von Versuchungen verfangen, er wird sich in viele unsinnige und schädliche Begierden stürzen, die den Menschen Unheil bringen und sie völlig zugrunde richten.*"

Kannten die Amtsträger in den entsprechenden Diözesen tatsächlich diese Bibelverse nicht, als sie fast 50 Millionen Euro in ungesicherte Darlehen nach Amerika fließen ließen, oder war ihre Habgier wieder einmal größer?

Übrigens dürfen sie dies tun, denn sie können allesamt autonom agieren und sogar das von den Ärmsten erbetteltes Geld verprassen. Sie lügen ihre wenigen Kirchengänger noch an und erzählen

Ihnen, dass die Kirche kein Geld
hat, und bitten sie um Spenden,
egal zu welcher Gelegenheit.

Die über 500 Millionen Euro, die
die Bundesländer Deutschlands
jährlich an die beiden großen
Kirchen zahlen, sind übrigens
ebenfalls nicht zweckgebunden.

[AC] Nur wenn Sie in der Kirche sind,können Sie hier   arbeiten!

Ebenfalls werden an unter kirchlicher Leitung stehenden Einrichtungen wie z.B. Kindergärten hohe Staatsleistungen gezahlt.

Die Kirche stellt sich äußerlich jedoch als Träger dar und setzt noch heute als Voraussetzung für die Einstellung zum Beispiel in Kindergärten die passende Kirchenzugehörigkeit voraus, obwohl Artikel 136 Grundgesetz (Weimarer Verfassung) besagt: Zitat: „Niemand ist verpflichtet, seine religiöse Überzeugung zu offenbaren."

Bei nicht kirchlicher Zugehörigkeit sprechen die Mitarbeiter der Kirchen, die für die Personaleinstellungen zuständig sind, dass keine Kirchenzugehörigkeit, ein KO-Kriterium sei.

Es fließen aber weiterhin regelmäßig an die Kirchen Kirchensteuer und Subventionen von Gläubigen **und** Nichtgläubigen.

<u>Soviel bekannt ist, hat Jesus weder das Christentum gegründet noch eine Konfession eingesetzt.</u>

Ich habe bezüglich Kirche viel Verlogenheit erlebt. Die Institution Kirche macht den Menschen angst, um sie zum Gehorsam zu nötigen, und dies macht sie mit dem vollen Programm der Erbsünde, dem Fegefeuer und der Hölle.

Die verbrecherischen Diener Gottes auf Erden die Kinder schlagen und sexuell missbrauchen, wie ebenso die raffgierigen

Geistlichen, gehören hart
bestraft.

Es wurden Amtsträgern der Kirche
konkret Missbrauchsfälle an Kindern nachgewiesen, jedoch wurden
die Täter wie z.B. Pfarrer durch
die Kirche aus dem Sichtfeld
genommen und in andere Diözesen
versetzt, wie dies bei der Kirche
üblich war und noch heute ist.
Dies geschah nicht nur in
Deutschland, sondern auch in
anderen Ländern.

Spenden für die Kirche können
übrigens mittlerweile mit Bank-
karte in der Kirche gezahlt
werden, Beispiel: Kloster Ettal
(Missbrauchsskandale über viele
Jahre an unzähligen Minderjährigen!!!)

Im Sinne: „Wir wollen es unseren

Gläubigen doch einfach machen."

Nach Missbrauchgeständnis eines
angeklagten Priesters und Ordensbruder der Benediktiner wurde
„einer" der Ettaler Mönche aus
Bayern, zu sieben Jahre Haft verurteilt. Wie viele Jahre er davon
tatsächlich verbüßte ist nicht
bekannt. Einer von wenigen!
Einer!!! Dieser Ordensbruder war
Priester, Religionslehrer und
Präfekt.

[AD] Kloster Ettal für viele, ehemalige Schüler ein Ort des Grauens

2006 fand speziell für Pater Magnus(†) (Kloster Ettal/Bayern) zu dessen 50-jährigem Priester-jubiläum eine **Würdigung** durch Abt Barnabas Bögle statt.

Eine Zeitung in Bayern schrieb, Zitat: Die Glocken riefen die Gläubigen in die Basilika des Klosters Ettal. Und die Schäfchen kamen so zahlreich, dass sie alle Stehplätze besetzten: Pater Magnus feiert Goldenes Priester-jubiläum – 50 Jahre im Dienste des Herrn.

Abt Barnabas Bögle lobte dessen Weg als Priester und beschrieb, wie er sich als Lehrer **in**

**besonderer Weise seiner Schütz-
linge annahm.**

WELCH EIN HOHN!!

**Dieser Pater schlug und miss-
brauchte seine ihm, von Eltern
anvertrauten, minderjährigen
Schützlinge!**

Die Würdigung fand 2006 statt,
Abt. Barnabas Bögle trat sein Amt
bereits 2005 an.

Wusste der Abt Bögle „vielleicht"
schon von den Missbräuchen der
Priester insbesondere von den
ekelhaften Taten des Pater
Magnus(†), bei der Würdigung oder
befanden sich alle im Ettaler
Kloster im Tal der Ahnungslosen?

Jahrzehntelang herrschte im Kloster Ettal ein System der Unter-

drückung: züchtigen, missbrauchen, wegschauen. Bei den meisten Priestern war nach Aufdeckung, natürlich alles verjährt, nur bis heute nicht bei den Opfern!

Hier herrschte das gleiche System, wie ich es bereits bei den Regensburger Domspatzen/ Bayern beschrieb.

Ein Pater bis 1990 Internatsdirektor in Ettal, war für seine außergewöhnliche Brutalität an hilflosen Jungs bekannt. Diese Brutalität vollführte ebenfalls Georg Ratzinger der Bruder des Papstes an den meist minderjährigen Domspatzen. Er ohrfeigte regelmäßig seine hilflosen Schüler und fand dies zu dieser Zeit für **völlig normal!**

1990 wurde der o.g. Pater aus Ettal ins Kloster Wechselburg nach Sachsen versetzt. Offiziell wegen seiner angeschlagenen Gesundheit (Tinnitus). Diese Kirchendiener litten oft an Tinnitus und wurden dann wie im Beispiel in Wechselburg **erneut für die „Arbeit" mit Kindern eingesetzt** und der Tinnitus verschwand auf seltsame Weise.

Unter der Hand war von einem Wechsel wegen sexueller Übergriffe die Rede und auf seinem PC hinterließ der verstorbene Pater ein Geständnis, was hier auf Grund des schweren sexuellen Missbrauchs, von mir nicht beschrieben wird.

Meine Nachfrage an eine bayerische Landwirtin: „Hat denn niemand von den Missbräuchen im Ort

Ettal gewusst?", antwortete diese: „Doch zum Beispiel der Sohn unserer Apothekerin hat seiner Mutter davon erzählt, doch diese hat ihren Sohn nicht geglaubt.

Erst als der Junge mehrmals detailliert die sexuellen Praktiken dieses Paters benannte und die Mutter an entsprechenden Stellen, Verletzungen bei ihrem kleinen Sohn sah, hat sie ihn von der Schule in Ettal genommen.

Meine nächste Nachfrage war: „Hat die Apothekerin dann Anzeige erstattet?" „Nein", sagte mir die Bäuerin, **„dann wäre doch niemand aus der Bevölkerung mehr in ihre Apotheke gegangen!"**

Meine Antwort sollen sie auch wissen:

114

„Ich hätte diesem Pater eine andere körperliche handfeste Strafe zukommen lassen, wofür ich dann wohl selber bestraft worden wäre, denn Selbstjustiz ist strafbar!"

Bei meinen Recherchen stieß ich seinerzeit auf stumme Bewohner in Ettal und Umgebung, wenn es um das Thema Missbrauch ging, jedoch sah ich überall Papst Benedikt Bilder und Artikel mit „**Wir sind Papst**".

Der Ort Ettal in Bayern lebt noch heute gut vom Kloster Ettal, durch den Fremdenverkehr und ein Großteil des Ortes wie Häuser u.d.gl. gehören der „armen" Kirche in Ettal, die auch durch geschäftliches Treiben (Likörmanufaktur) sowie Brauerei, hohe Einnahmen erzielt.

Das Kloster unterhält landwirtschaftliche Betriebe, mehrere Gasthöfe, ein Hotel sowie ein Gymnasium mit dem angeschlossenen Internat. In diesem Internat fanden die sexuellen Missbräuche an den minderjährigen Kindern statt.

Die bayerischen Bewohner stehen bis heute zu ihrem Kloster und zu den Benediktinern. Sie alle profitieren davon (Handwerker wie Elektriker, Schreiner usw.)und über das Thema des sexuellen Kindesmissbrauchs, wollen sie nichts mehr hören und schweigen lieber.

Sie meinen, dass man es vergessen muss, doch die Opfer leiden bis heute darunter.

Nur die missbrauchten Alt-Ettaler die in Ettal die Schattenseiten (sexueller Missbrauch, psychische und physische Gewalt) kennenlernten, äußern sich zum Teil öffentlich dazu.

Eine große Zahl von Benediktinermönchen, die diese Schandtaten verübten, sind inzwischen verstorben, so auch der vorher benannte Pater Magnus. Somit sind diese Taten für die Kirche und für das Gesetz nicht mehr verfolgbar oder verjährt. Wie schön für die Kirche, es hat sie scheinbar nie gegeben.

Aber es scheint nur so, denn es hat sie gegeben und ich halte es hier in meinem Buch fest.

In der Zeitung erschien seinerzeit ein Bild vom ehrenwerten Professor Hans Joachim Jentsch(†), ehemaliger Richter des Bundesverfassungsgerichtes Karlsruhe, und an seiner Mimik konnte man seinen Unmut über die noch immer (nicht)-kirchliche Aufarbeitung der Missbrauchsfälle deutlich erkennen, als er dem Abt Bögle die Akte über viele seiner ekelerregenden Mitbrüder übergab.

Seinerzeit traten der damalige Abt Barnabas Bögle und der Schulleiter P. Maurus Kraß **kurzzeitig** zurück, doch sie wurden sehr schnell durch die Kongregation für die Ordensleute rehabilitiert und wieder in ihren Ämtern eingesetzt.

Ettal war für viele Schüler ein Ort des Grauens. Die Kinder von einst erzählen, wie Patres des Klosters Ettal sie prügelten und sexuell missbrauchten (wie bei den Regensburger Domspatzen).

Mengen an Opfer-und Zeugen-berichten mit Vorwürfen des sexuellen Missbrauchs an Minderjährigen gab es. Die Vorwürfe richteten sich seinerzeit an 13 Patres, von denen schon bei Erstellung des Berichtes 8 von ihnen in 2010, tot waren.

Nach der Rehabilitierung stimmte dann ja alles wieder in Ettal/Bayern, oder eben auch nicht.

Oder war da noch was mit den Opfern?

Ja, sie erhalten zum Schweigen dann eine Art Entschädigung. Diese Art von Zahlungen durch die Kirche, werden doch auch bei „Vaterglück", wie es so schön heißt, den Müttern gegeben, die von Priestern oder Kardinälen geschwängert wurden und werden.

Die Pädophilie ist ein Phänomen, das von der Kirche systematisch hervorgebracht wird. Die Kirche nimmt jedem die Möglichkeit, seine Sexualität in gesunder Weise auszuleben, während sie alle, die sogar minderjährige Kinder missbrauchen, durch ihr Schweigegebot schützen.

[AE] Missbrauch über Missbrauch

Beschuldigte Priester aus Ettal wurden schnell in andere Klöster versetzt und aus dem Licht der Öffentlichkeit genommen z. B. nach Wechselburg. Das Benediktinerkloster Wechselburg gehört auch zum Kloster Ettal und auch dort fanden Missbräuche statt.

Ein Benediktinerpater aus Ettal wurde 2010 zu einer Bewährungsstrafe verurteilt. Er hatte sich selbst wegen des Besitzes von Kinderpornographie und auf Anraten seines Anwaltes angezeigt, da er sich vor Gericht dadurch Strafminderung verschaffen wollte.

Strafen für Missbrauchtäter, wie es unser weltliches Strafrecht vorsieht werden durch die Kirchen nicht ausgeführt, da die Religionsgemeinschaften <u>bis heute über dem weltlichen Strafrecht stehen.</u>

Missbrauch egal welcher Art sollte in unserer heutigen Gesellschaft auch bei weltlichen Gesetzen nicht zur Verjährung kommen.

Es ist kein Wunder, dass sich Pädophile in der Kirche wohl fühlen, da ihnen keinerlei Strafen und schon gar keine Haftstrafen drohen.

<u>Es ist unabdingbar und längst überfällig, dass der Staat seinen Strafanspruch beim Thema sexueller Missbrauch durchsetzt.</u>

Grundgesetz der Bundesrepublik Deutschland:

122

Art1 - die Würde des Menschen
ist unantastbar.

Art2 - jeder hat das Recht auf
Leben und körperliche
Unversehrtheit.

Art3 - alle Menschen sind vor
dem Gesetz gleich.Der religiöse
Mensch kann wie jeder nicht Reli
giöse ebenfalls, seine Angelegen-
heit selbst organisieren und
selbst bestimmen.

Jedoch auch und gerade für einen
religiösen Menschen gilt, dass
dies immer in den Grenzen unserer
Verfassung zu geschehen hat.

**[AF] Charitative Aufgaben –
können auch nichtkirchliche
Institutionen ausführen?**

Es ist zu erwähnen, dass es viele
gläubige Christen gibt, die sich
in den Dienst der Kirche stellen
und **ehrenamtlich aus Nächstenliebe positive Impulse setzen**, in
dem sie in Suppenküchen, Sozial-
kaufhäuser, in Hospizen und als
Seelsorger arbeiten, ohne sich
über andere zu stellen.

Diese Menschen sind zu loben,
denn sie tun dies das ganze Jahr
und sie stellen sich nicht mit
Familie als Gruppenbild in die
Öffentlichkeit, wie es ein
Berater des Vatikans einmal im
Jahr macht.

[AG] Mit Geflüchteten- sich zur Schau stellen

Dieses Zurschaustellen für die Öffentlichkeit und die Medien macht der Autor Manfred Lütz einmal mehr zum krönenden Abschluss des Jahres zu Silvester. Er lädt dann Geflüchtete zum Kochen in sein Haus ein, deckt wohl zum Schutz das Mobiliar mit Decken ab (damit die fremden Personen es nicht beschmutzen)und präsentiert sich mit den Geflüchteten und der Familie für ein Gruppenbild.

Das dazugehörige Bild wurde unter folgender Adresse medienwirksam ins Internet gesetzt:
https://www.rundschau-online.de/region/bonn/bornheim/bornheim-merten-familie-luetz-feiert-mit-gaesten-aus-der-ganzen-welt-247048

Der nette Herr Lütz, Berater des
Vatikans meint, die Geflüchteten
werden jedes Jahr weniger, die zu
seiner Feier kommen. In den
ersten Jahren waren es 50 Sil-
vestergäste, jetzt hat es sich
fast halbiert, die zum Essen
kochen kommen, weil die Geflüchteten scheinbar in seinen Augen
so gut integriert wurden.

Die Geflüchteten, die zum Essen
kommen, werden nicht weniger,
weil sie so gut integriert
wurden, sondern weil sie Deutsch
verstehen und die persönliche
Einstellung, des sich als barm-
herzig darstellenden Manfred
Lütz, zu anderen Glaubensrich-
tungen mittlerweile kennen.

Wenn man etwas Gutes für Geflüchtete Menschen macht (sich von

Ihnen bekochen lässt!), so braucht man dies nicht mit Fotos an die Öffentlichkeit bringen; man macht es einfach.

[AH] Geflüchtete aussortieren zwischen Gebildeten und Nichtgebildeten

Manfred Lütz vertritt und das als Theologe, die Meinung: „Flüchtlinge sind gut für unsere Gesellschaft, weil doch viele von ihnen Akademiker sind bzw. aus der Mittel- und Oberschicht stammen". Diese Aussage ist mehr als befremdlich.

Wenn Menschen vom Krieg verfolgt oder uns um dringende Hilfe bitten, so ist es egal, aus welcher Schicht sie stammen. Man hilft!

Hilfsbedürftige Menschen sortiert man nicht aus, nach Gebildeten und Nichtgebildeten, oder welche die gut für unsere Gesellschaft sind. Und dies erlaubt sich ein Arzt und Theologe zu sagen.

Diese Haltung ist für unsere Gesellschaft beschämend. Es erinnert an Aussortieren von Häftlingen in Konzentrationslagern, die Kranken, Frauen und Kinder auf der einen Seite und Gebildete zum Beispiel für die Amtsstuben der Arbeits-und Internierungslager auf der anderen Seite.

Eine Selektierung von Geflüchteten vorzunehmen ist ungeheuerlich und empörend.

Dieser Manfred Lütz arbeitet dann auch noch für die katholische Kirche und berät den Papst.

In der Institution Kirche geschieht es überwiegend nur

noch, dass sich die Ehrenamt-
lichen für die Betroffenen ein-
setzen und die Hauptamtlichen das
Geld ihrer Schäfchen verprassen.

[AI] CAUSA-Manfred Lütz

Eigentlich sollte es keine Zeile wert sein, sich mit überhäuften, unwahren oder verdrehten Zitaten eines Arztes, Autoren und Vatikanberaters zu beschäftigen, der solche Meinungen vertritt.

Es ist mir jedoch von großer Wichtigkeit, die Person Lütz, die hier in Deutschland auch eine wichtige Rolle im Hintergrund bei den Missbrauchsfällen der Kleriker, ihren Vertuschungen und Verleugnungen spielt, näher zu beleuchten.

Zur Person: Manfred Lütz

Dr. med. Dipl.-Theol. Manfred Lütz, geboren 1954, ist Facharzt für Psychiatrie und Psychotherapie, römisch-katholischer Theologe und Vatikanberater sowie

Buchautor. Von 1997 bis 2019 war er Chefarzt im Fachkrankenhaus für Psychiatrie, Psychotherapie und Neurologie der Alexianer in Köln. 1996 wurde Dr. Lütz zum Mitglied in den päpstlichen Laienrat berufen. Im Jahr 2003 wurde er von Papst Johannes Paul II. zum Berater in der vatikanischen Kleruskongregation ernannt und organisierte dort im gleichen Jahr einen Kongress zum Thema „Missbrauch von Kindern und Jugendlichen durch katholische Priester und Ordensleute".

Ein Jahr später wurde er Ordentliches Mitglied der päpstlichen Akademie für das Leben. Im März 2005 wurde er für die Amtsperiode bis 2010 in das Direktorium der päpstlichen Akademie für das Leben berufen.

Nach der Umstrukturierung der Akademie wurde er von Papst Franziskus im Jahr 2017 erneut zu deren ordentlichem Mitglied und im Oktober 2018 ferner zum Mitglied des Dikasteriums für die Laien, die Familie und das Leben ernannt.

Herr Dr. Lütz war von Januar 2003 bis Februar 2015 zudem Mitglied des Beraterstabs sexueller Missbrauch im Erzbistum Köln.

Er ist ein Tausendsassa und übt sicherlich noch viele andere Tätigkeiten aus, die hier nicht alle erwähnt werden müssen. Dr. Manfred Lütz 12 Jahre im Beraterstab sexueller Missbrauch im Erzbistum Köln zu beschäftigen, passt wie die Faust aufs Auge.

Nebenbei fragt man sich wirklich,

wie dieser Berater des Vatikans es schafft, an so vielen Stellen gleichzeitig tätig zu sein.

Im Erzbistum Köln (wir kennen Kardinal Woelki),gehört Manfred Lütz seit 2006 zum Arbeitsstab des Seelsorgeamtes und wirkt beratend an der Erstellung eines Jugendkatechismus mit. Seit Beginn der 2000er Jahre war er korrespondierendes, ab 2004 ordentliches Mitglied der päpstlichen Akademie für das Leben, in deren Direktorium er im März 2005 für die Amtsperiode bis 2010 berufen wurde.

[AK] Gutachten Gerke & Wollschläger

Am 18. März 2021 wurde ein Gutachten durch die Kanzlei Gerke &
Wollschläger erstellt, in welchem
es „lediglich" um Pflichtverletzungen von Diözesanverantwortlichen des Erzbistums Köln im
Umgang mit Fällen sexuellen Missbrauchs von Minderjährigen und
Schutzbefohlenen durch Kleriker
oder sonstige Pastorale Mitarbeitende des Erzbistums Köln im
Zeitraum von 1975 bis 2018 ging.

Die Gutachter bemerkten in manchen Fällen, dass diejenigen
Personen, die bei Erfüllung der
ihnen in der Aufklärungsarbeit
zugewiesenen Aufgaben eigentlich
Neutralität und Objektivität
garantieren sollten, eine Verbindung zur Institution Kirche auf-

wiesen, die einem kritischen Blick auf das System mit seinen Fehlern abträglich sein konnte und geeignet war, insbesondere aus Betroffensicht, Zweifel an einer unvoreingenommenen Bearbeitung zu wecken.

<u>Der vielfach als Gutachter eingesetzte Psychotherapeut und Psychiater war, (man kann es schon erraten)</u> **Dr. Manfred Lütz.** <u>Er war gleichzeitig katholischer Theologe und Berater des Apostolischen Stuhls.</u>

Im Gutachten der Kanzlei Gerke & Wollschläger wurde im Aktenvorgang von einem Beschuldigten berichtet, der selbst gegenüber Erzbischof Dr. Meisner angab, vermutlich im Jahr **1991** gegenüber einem 10 Jahre altem Kind, eine „sexuelle Verfehlung" begangen zu

136

haben und **er beschrieb sich selbst !als pädophil!**

Der Beschuldigte gab außerdem an, dass er Angst habe, dass dies noch einmal vorkommen könnte!

Die ist aus der entsprechenden, schriftlichen Gesprächsnotiz des Erzbischofs zu ersehen. Erzbischof Dr. Meisner gab den Beschuldigten auf, bei einem vom Erzbistum Köln beauftragten Psychiater und Psychotherapeuten, (man kann es sich wieder einmal denken) Dr. Lütz vorstellig zu werden.

Es ist nicht zu glauben: Dieser Dr. Lütz, der Kirche sehr nahestehend, bestätigte eine einmalige exhibitionistische Handlung gegenüber einem **10-jährigen** Mädchen, **verneinte zudem aber** das

Vorliegen einer Pädophilie bei seinem Patienten, obwohl **der Beschuldigte sich selbst für pädophil hielt.**

Warum und wieso dieser Psychiater der Kirche, diese Diagnose stellte, kann man sich nur denken und dürfte klar sein.

Täterschutz scheint bei der Kirche immer Priorität zu haben!

Der beschuldigte Missbrauchtäter versprach die Inanspruchnahme fachlicher Hilfe und wurde „wie immer" vorsichtshalber versetzt.

Der bereits durch Missbrauch aufgefallene Kleriker, konnte also seiner von ihm selbst interpretierten sexuellen Präferenz, mit Hilfe eines schriftlichen Gutachtens weiter nachkommen.

Missbräuche werden von Kirchen und Kirchenberatern noch gefördert und bestärkt, indem sie Missbrauchtäter schützen, Unterschlupf in anderen Diözesen bieten oder ihnen durch kirchlich eng verbundenen Psychiater, entsprechende Diagnosen dem Wunsche der Kirche entsprechend erstellen.

Ich denke, unsere Gesellschaft sollte darüber nachdenken, inwieweit diese „Helfer" ebenfalls für ihr erbärmliches, unchristliches Handeln bestraft werden können.

[AL] Giftschränke der Bischöfe

Die entsprechenden Unterlagen
(Aktennotizen udgl.) zu den Verfehlungen der Kleriker und ebenfalls zu dem genannten Fall des
pädophilen Exhibitionisten,
wurden dann zur Ablage im Giftschrank an das Generalvikariat
übergeben.

Einen sogenannten „Giftschrank"
haben angeblich alle Diözesen.
Hier lagern brisante Unterlagen
über die Verfehlungen und
Straftaten ihrer Kleriker. Es
werden sogar in Geheimsprache
Vermerke gemacht wie zum Beispiel
Alkoholiker oder gesundheitliche
Probleme, mit den Vermerken
sollte verschleiert werden, dass
es sich in der Realität um einen
Missbrauchtäter handelt.

Herr Lütz meint in einer Fernsehsendung dann noch zu vermerken: „Ja diese Akten kann dann ja auch nicht jeder lesen." Das stimmt, das soll ja wohl auch so sein und ist von der Kirche beabsichtigt, wie Herr Lütz durch seine Mitarbeit beim Gutachten doch selbst am besten weiß.

Die Existenz des sogenannten „Giftschrankes" ist aber nicht eine Nichtigkeit mit dem Aspekt, dass die Taten nicht an die Öffentlichkeit gelangen, sondern es sind viele Straftaten, die die Kirche seit vielen Jahren mit dieser Verschleierungs- taktik begeht.

In den Jahren 2000 bis 2002 erhielt der Erzbischof Kenntnis von Schwierigkeiten des Beschuldigten im Hinblick auf die zölibatäre Lebensführung, jedoch erst im Jahre 2018 schied der Beschuldigte auf eigenen Wunsch aus dem Klerikerstand aus. Erst dann wurde der Fall der Staatsanwaltschaft gemeldet. Dies ging dann plötzlich, denn nach seinem Ausscheiden gehörte er ja nicht mehr zu den Klerikern.

Durch die somit „falsche" Diagnose des Psychiaters Manfred Lütz hatte der Beschuldigte, obwohl sich der Beschuldigte selbst für pädophil hielt und dies bereits 1991 mitteilte, weiterhin die Möglichkeit jahrelang unter dem Schutz der Kirche, seine schmutzigen Gelüste nachzugehen.

Es wurden von der Kirche mit Zuhilfenahme von Handlangern die Verfehlungen und Missbräuche vertuscht, indem sie Beschuldigte psychiatrisch begutachten ließ, um wie in diesem Fall das Vorliegen einer Pädophilie auszuschließen.

Dieses passende Gutachten erhielten sie dann zum Beispiel vom Psychiater Dr. Manfred Lütz.

Der Psychiater Manfred Lütz, Berater des Vatikans, wird dann noch von der Kirche bei der Aufklärungsarbeit den Gutachtern präsentiert, welch ein Hohn. Wie kann ein Berater des Apostolischen Stuhls bitte, neutral und objektiv diese Aufklärungsarbeit garantieren?

Herr Lütz meinte in Spiegel Panorama vom 04.09.2022 in einem Gastbeitrag zum Thema Missbrauch in Kirche und Sport festzustellen, Zitat: „Die Kirche habe Millionen für Gutachten ausgegeben und unzählige Präventionsfort- bildungen organisiert."

Es ist lächerlich so etwas festzustellen, wo doch jeder weiß, wofür die Gutachten gedacht sind und wie die Kirche sich darstellen will.

Herr Lütz stellt doch selbst Gutachten und Diagnosen und weiß wie diese abgefasst werden müssen oder können.

Lütz schreibt bei Spiegel Pano- rama, das Täter unterschiedslos karikaturhaft als Monster gelten.

Natürlich sind und bleiben dies Monster, denn sie haben nicht einen Diebstahl begangen, sondern

144

minderjährige Menschen missbraucht, um diese geht es. Lütz
versucht, Opfer und Täter gleich-
zustellen in dem er sogar behauptet Opfer gelten lediglich karikaturhaft als lebenslange Wracks.

Das ist eine Verniedlichung der
Opfer, die tatsächlich lebenslang
unter diesen zum Teil jahrelangen
Missbrauch durch die Kleriker
gezeichnet und krank sind.

Sogar einen vernünftigen Bischof
widerspricht Lütz, wo dieser
Bischof aussagte, das Opfer bis
ans Ende ihres Lebens vom Missbrauch gezeichnet wären.

Er meint man „versuche" in der
Therapie zu erreichen, das das
Opfer dem Täter verweigert, Macht
über sein weiteres Leben zu
haben, und spricht dummerweise

weiter, das dies oft nicht gelinge. – Was ist das für eine Therapie? -

Wie dumm ist denn diese Aussage. <u>Die meisten zum Teil minderjährigen Kinder sind noch gar nicht in der Lage, dem Täter zu verweigern insbesondere nicht, wenn es sich um Pfarrer handelt.</u>

Diese Einstellung des Dr. Manfred Lütz, bezogen auf die Opfer ist wieder einmal abstoßend und verachtend.

Manfred Lütz spricht davon, dass es eine „Menschenwürdegarantie" für Täter geben solle. Dieses Wort gibt es nicht und ein solches Wort zu kreieren, wenn es sich um Missbrauchtäter handelt, ist einfach nur ekelhaft. Wo haben diese verbrecherischen

Kleriker Menschenwürde an den Tag gelegt, als sie missbrauchten?

Es geht nicht darum, eine unangemessene Berührung und eine Serienvergewaltigung gleich zu setzen. Selbstverständlich wird dies vor dem Gesetzgeber unterschieden.

Man hat bei diesen Aussagen des Herrn Lütz einmal wieder das Gefühl, dass Gründe gefunden werden sollen, um die Täter zu schützen.

Lütz spricht weiter davon, dass Kampagnen für vorbeugende Therapien in jüngster Zeit scheitern und er schreibt weiter, wer outet sich schon gern als Monster.

Liest man diese Aussage des Herrn Lütz, so kann man ja fast schon Mitleid mit den Monstern haben.

Diese Kampagnen für vorbeugende Therapien können doch nur scheitern, von denen Dr. Lütz spricht, denn niemand outet sich gerne, egal zu welchem Thema und wenn es um Verurteilungen und Strafen bei Missbrauch von Minderjährigen geht, schon mal gar nicht, außer es lässt sich von der Gegenseite eindeutig beweisen.

Sollte Herr Manfred Lütz, wie es im Vatikan dem Papst Benedikt XVI. doch so oft erging, Erinnerungslücken haben, so möchte ich ihm gerne auf die Sprünge helfen. Als Vatikanberater und Psychiater bescheinigte er sogar einen Triebtäter, der sich als pädophil geoutet hat, in seiner Diagnose, nicht pädophil zu sein.

In dieser Darstellung schreibt Lütz weiter, dass die meisten Pädophilen ein tapferes Leben führen.

Herr Dr. Lütz, wie tapfer müssen erst die Missbrauchten sein?

Jetzt wird es noch wirrer und Lütz stellt als zweite Opfergruppe die unschuldig Beschuldigten dar.

Herr Lütz, ich kenne sogar noch eine dritte und vierte Opfergruppe, und zwar die Opfer die sich schämen und nicht trauen, damit an die Öffentlichkeit zu gehen. Eine weitere Opfergruppe sind diejenigen, denen nicht geglaubt wird und wo Aussage gegen Aussage steht oder wo das Opfer dies einfach nicht glaubhaft mehr beweisen konnte, da es jahrelang her war und das Opfer noch ein Kind war.

Herr Manfred Lütz ist die Person des Widerspruchs in sich. In der Sendung von Markus Lanz vom 02.02.2022 widerspricht er sich laufend und meint dann tatsächlich, dass nach einer Therapie der Pädophile nicht geheilt wäre, aber danach keine Handlungen mehr ausübe.

Bei der Sendung Lanz wird Lütz dann noch freundlich als Bestsellerautor vorgestellt.

Er darf dann noch durch diese Vorstellung in der Sendung sozusagen Werbung für sein mieses Buch machen und viel Geld verdienen.

Herr Dr. Lütz war von Januar 2003 bis Februar 2015 Mitglied des Beraterstabs sexueller Missbrauch im Erzbistum Köln, also 12 Jahre. Lütz war jahrelang der Erstansprechpartner für Opfer sexuellen Missbrauchs. Man stelle sich dies vor!

Er kennt auch das gesamte Gutachten der Anwälte Gerke & Wollschläger, wo eine große Menge an Missbrauchstätern aufgeführt werden und ihre schrecklichen Taten beschrieben wurden.

An diesem Gutachten der Anwälte Gerke & Wollschläger war Manfred Lütz indirekt/direkt beteiligt und

.......er weiß genau, dass die meisten der pädophilen Täter immer wieder aufs Neue die

**minderjährigen Kinder
missbrauchen.**

Der Arzt Dr. Lütz widerspricht
sich also wieder einmal und sagt
die Unwahrheit, wenn er
behauptet, dass Pädophile nach
einer Therapie keine Handlungen
bzw. Straftaten mehr ausüben. Es
ist aber nicht nur eine
ausgesprochene Unwahrheit, sonder
als Psychiater eine Frechheit,
diese Lügen zu verbreiten.

[AM] Skandalbuch des Manfred Lütz

In seinem Buch „Der Skandal…" befasst er sich mit Informationen über das Christentum, die er als Falschinformationen bezeichnet, die das Christentum in seinem Kern nachhaltig erschüttert und absolut unglaubwürdig gemacht haben. Er sieht gar das Ende des realen Christentums als kultur-prägende Kraft voraus.

Bereits im 3. Satz seines Vor-wortes von seinem Buch „Der Skan-dal............" mit einer Bombe auf der Cover-Seite (wie pervers in der heutigen Zeit), versucht der Autor Lütz seinen Lesern zu suggerieren, dass es in der katholischen Kirche keine Skan-dale, sondern höchstens Skan-dälchen gegeben habe.

Lütz meint zu behaupten, dass die meisten Informationen über das Christentum grotesk falsch sind. So meint er natürlich auch, dass alle Vorwürfe bezüglich Gräuel- taten und die Missbrauchsvor- würfe, nicht stimmen.

Meint er damit etwa auch seine eigenen Erkenntnisse in seinem Buch, in dem er so vieles von A. Angenendt abgeschrieben (nein, zitiert) hat?

• Zum Beispiel: **im Buch von A. Angenendt,** Toleranz und Gewalt heißt es auf Seite 7: Vorwort Zitat: 1. Satz: **„Das glauben wir Ihnen nicht."**
   • **Manfred Lütz schreibt** auf Seite 19 in seiner Einleitung: Zitat: **„Das glaube ich Ihnen nicht!"**

154

Und so weiter und so weiter

......

Welches übersteigerte Selbstbewusstsein treibt diesen Psychiater zu dieser Aussage mit der
Annahme, dass nur er das Christentum und die Informationen
darüber kennt.

Er versucht dies mit Zitaten über
Zitaten belegen zu wollen.

<u>Möglichst mit Zitaten von Ver-
storbenen</u> so von Heinrich Missalla (†)2018, A. Angenendt
(†)2021 oder von den Ratzingers,
Josef und Georg (†) (†).

Bei den Verstorbenen besteht dann
auch nicht mehr die Gefahr, dass
diese hierzu befragt, bzw. zu
ihren vielleicht falsch zitierten

Aussagen, Stellung nehmen konnten.

Mit wie viel Unsinn kann man noch
versuchen, Leserinnen und Leser
mit alten, verstaubten, angeb-
lichen Weisheiten, für die Kirche
zu interessieren und Zitate von
anderen Autoren wo diese ebenfalls erneut wiederum andere
zitieren und meinen, diese einzu-
fangen?

Aber es scheint ja zu klappen.
Viele glauben solchen Menchenfän-
gern, er ist ja schließlich Best-
seller-Autor.

Die Lütz' schen Ansätze zur
Christologie sind schwer defizi-
tär. Wie kann so ein Psychiater,
Berater des Vatikans sein? Meine
Antwort: „Genau, deswegen!"

Autoren wie Manfred Lütz versuchen sogar noch, den Papst Benedikt XVI, als Aufklärer von Missbräuchen Minderjähriger durch Kleriker aufzuwerten, obwohl Gutachten genau das Gegenteil belegen, die natürlich von der Kirche angezweifelt werden.

Im 1900 Seiten umfassenden Gutachten anerkannter Rechtsanwälte zu sexuellem Missbräuchen Minderjähriger durch Kleriker im Erzbistum München-Freising, das im Januar 2022 von der Anwaltskanzlei Westpfahl Spilker Wastl, München vorgestellt wurde, steht auch Papst Benedikt XVI. bzw. seinerzeit noch Kardinal Ratzinger, im Fokus. Es wird ihm diverses Fehlverhalten vorgeworfen.

Siehe Verlinkung zum aufgeführten

Gutachten in diesem Buch.

Benedikt XVI. sagte nach diesem Gutachten, dass er nicht informiert gewesen sei. Die Gutachter allerdings kommen zu dem Schluss, es sei "überwiegend wahrscheinlich", dass Ratzinger in der entscheidenden Sitzung in der über Pfarrer H. entschieden wurde er, Ratzinger selbst, anwesend war.

Der verstorbene seinerzeit emeritierte Papst Benedikt XVI. versichert in seinem 82 Seiten langen Schreiben an die Anwaltskanzlei Westpfahl Spilker Wastl immer und immer wieder aufs Neue, er Joseph Ratzinger habe nichts gewusst.

[AN] der Papst ist immer verant-
wortlich

Der Buchautor Manfred Lütz meint
in der Sendung Lanz, dass es doch
wohl ziemlich egal sei, ob nun
der Papst bei der Sitzung dabei
gewesen sei oder nicht und dies
doch nur aufgeputscht werden
würde. Wie tickt dieser Psychiater Lütz?

Gerade wenn der Papst immer dafür
verantwortlich zu sein scheint,
was Lütz behauptet, so ist es
doch selbstverständlich von
großer Wichtigkeit, was in dieser
Sitzung beraten und wahrscheinlich auch vom Papst selbst
angeordnet wurde. Und gerade deshalb ist es doch von Wichtigkeit,
ob er selber bei dieser Sitzung
dabei war oder nicht.

Erst durch seine Anwesenheit konnte sich doch der Papst ein Bild über diese verachtenden Taten des Pfarrers machen. Warum leugnete Papst Benedikt seine Anwesenheit?

Wenn lt. Lütz, ein Papst für alles verantwortlich ist, so konnte der später emeritierende Papst (nicht ohne Grund, emeritiert) sich wunderbar aus der Verantwortung schleichen, wie es um die Sitzung über die Missbräuche und ebenso um seinen brutal schlagenden Bruder Georg gegenüber kleine Jungs im Chor ging, den dieser jahrzehntelang führte.

Diese Tatsache, kleinzureden zu wollen, ist widerlich. Aber der Papst scheint auch im Lügen unfehlbar zu sein.

Manfred Lütz, der Autor und Vatikanberater, erwähnt, dass er das erstellte Gutachten kennt.

Schämt sich dieser Autor nicht, als Theologe selbst dieser Kirche anzugehören, wenn er dieses auf Tatsachen und Fakten belegte Gutachten liest. Er ist doch Berater des Vatikans, Arzt **und Vater von Kindern** und dann vertritt man noch eine solche Meinung über den Papst?!

Aber Herr Dr. Lütz kennt ja nicht nur dieses Gutachten, sondern auch die ganzen Fälle aus dem Gutachten der Anwälte Gerke & Wollschläger bis ins kleinste Detail da er doch wohl auch noch daran mitwirkte.

Wie abgebrüht muss man sein oder geworden sein, wenn man diese

zwei Gutachten (insges. 2808
Seiten) mit allen widerlichen
Missbräuchen liest und dann noch
versucht, die Kirche rein zu
waschen.

Beim Lesen der ersten Seiten des
Buches des Herrn Lütz, stieß ich
auf die nicht vorhandene Scham,
die man anscheinend als Vatikan-
Berater besitzen muss.

Diese nicht vorhandene Scham
füllt Manfred Lütz gerne aus, mit
würzigen kabarettistischen Passagen, die dann originell und gut
ankommen sollen, sich jedoch mit
einer Form von Katholizismus ver-
binden, die abschreckend ist.

Sobald Lütz sich theologisch
äußert, kommt der erzkonser-
vative, katholische Hardliner mit
Haltungen durch, die heute nicht

einmal von allen katholischen Priestern mehr ernst genommen werden. Was immer man sich unter verknöcherten katholischen Positionen vorstellt; Lütz scheint sie alle zu verkörpern.

[AO] Meinung Lütz zu Folter: „Der Grad der Tortur war unterhalb des sonst üblichen."

Wie unappetitlich ist es, wenn ein Psychiater Lütz mit verniedlichenden Worten in einem seiner Bücher über Folter spricht.

Lütz zitiert mal wieder, diesmal angeblich einen der Forscher mit den Worten: „Der Grad der Tortur war unterhalb des sonst üblichen."

Man kann es gar nicht glauben, dass ein doch angeblich gebildeter Arzt Manfred Lütz, einen **nicht namentlich genannten** Forscher zitiert, der angeblich eine bestimmte Art der Folter noch versucht schönzureden, die wohl nicht so schlimm war, wie die

164

übliche Folter.

<u>Wie dumm kann man sein, noch so
etwas zu zitieren? Oder ist es
von Lütz nur erfunden?</u>

Es muss einem Grausen, dass
dieser Berater des Vatikans,
einst das Krankenhaus Alexianer
in Köln, als Arzt und Psychiater
leitete. Mir zumindest läuft es
gedanklich kalt den Rücken
runter, wenn sich Patientinnen
und Patienten von einem Psychiater mit diesen Einstellungen,
haben behandeln lassen „müssen".

DAS VERGESSEN WÄRE FALSCH
   .... den Opfern gegenüber

[AP] Besuch beim Physiotherapeuten

Bei der römischen Inquisition klingt die Folter bei Lütz gar wie ein Besuch beim Physiotherapeuten: "Tortur nie als erste, sondern als letzte Maßnahme und nicht länger als eine halbe Stunde, was auf eine milde Anwendung hindeuten dürfte."

Man fragt sich, ob Manfred Lütz überhaupt noch merkt, was er da schreibt?

Es ist gut, dass die Opfer religiöser Gewalt, die durch Folter und Kirche zu Tode gekommen sind, Herrn Lütz nicht mehr hören oder lesen müssen.

[AQ] Meinung Lütz: Kindesmissbrauch kommt bei Priestern eher selten vor

Bei Themen wie dem sexuellen Kindesmissbrauch kann sich einem der Magen umdrehen, wenn man die Einstellung des Autors Manfred Lütz liest. Angeblich ist dieser Kindesmissbrauch bei Priestern eher selten zu finden. Es sei ein „perfides Verbrechen". Dem kann man zustimmen, meint er, jedoch warum ist das nach Lütz so?

Lütz meint: „<u>Es ist nicht das Verbrechen an sich, sondern weil die Opfer "mitunter lebenslang auch ihr Vertrauen in Gott" verlieren."</u>

Wenn das Thema nicht so traurig wäre, muss man über eine solche dumme Aussage fast schon lachen.

Es ist also nach Auffassung des Manfred Lütz wohl weniger schlimm missbraucht und Opfer geworden zu sein, schlimm ist es, dadurch lebenslang nicht mehr an Gott zu glauben.

Die Fragen und Antworten, die Lütz darauf gibt, sind eine Verhöhnung der Opfer.

Manfred Lütz sollte sich schämen, so über die jungen, minderjährigen Kinder zu sprechen, die manchmal bis zu 20 Jahre nach den Taten und länger, mit der Aufarbeitung bzw. Verarbeitung beschäftigt sind und lebenslang damit klar kommen müssen.

Oft verlaufen ihre ersten Jahre mit Alkohol und sonstigen Drogen ab, damit sie sich nicht in

Gedanken nur mit ihrem Missbrauch
beschäftigen müssen.

Was sind das für Auffassungen
eines Psychiaters?

[AR] Meinung Lütz: „Die unschuldig Beschuldigten sind die eigentlichen Opfer"

Dass der Papst Benedikt XVI. die Verfahren gegen pädophile Priester jahrelang verschleppt hat, davon hat Lütz offenbar auch nichts gehört, obwohl er in Rom ein und ausgeht. Und er macht gleich eine neue Opfergruppe aus, und zwar **die unschuldig Beschuldigten.**

Also geht es wieder einmal um den Schutz der Täter.

Lütz meint zwar, er habe ein Aufklärungsbuch geschrieben, doch hat es leider nur zu Apologetik gereicht.

Ich war entsetzt über diesen trickreichen, aber hilflosen Versuch, die zahlreichen Sündenfälle der katholischen Kirche vom Beginn des Mittelalters bis zur heutigen Zeit zu bagatellisieren.

Immer nach dem Motto "Schuld waren ja immer die Anderen, der Papst/die Kirche waren doch immer gut".

Entsprechend wurden, wenn überhaupt, dann nur Quellen berücksichtigt, die die eigene Position bestärken; kontroverse Meinungen wurden dagegen einfach weggelassen oder verunglimpft.

Ein Muster, dem die offizielle Kirche zur Verunglimpfung von Kritikern auch gern folgt. Geschichtsklitterung par excellence.

[AS] Rechtfertigung von Mord, Brutalität, Missbrauch, Folter, Exorzismus, Herabwürdigung

Das Buch von Lütz ist ein unzulänglicher Versuch der Rechtfertigung von Mord, Brutalität, Missbrauch, Folter, Herabwürdigung anderer Menschen, Intoleranz, Misogynie, Hass, Antisemitismus, Überheblichkeit, Zurückweisung Bedürftiger und Sünder, fehlender Empathie und Barmherzigkeit.

Und das von einem Psychiater und „Christen" geschrieben!

Bis heute werden diese und ähnliche Thesen im Namen des Herrn von den Kirchen und ihren beteiligten Menschenfängern gepredigt (siehe offizielle Stellung der Kirche zu Geschiedenen/ Wieder-

verheirateten, Empfängnisver-
hütung, Frauenrolle in der
Kirche, Sexualmoral, Homosexualität etc.) <u>im Bewusstsein der
eigenen vermeintlichen Heilig-
keit.</u>

Hätte und würde es keine euro-
päische Aufklärung geben, so
würden die Scheiterhaufen heute
noch brennen.

[AT] Trumpismus

Wie beim Trumpismus, fallen leider auch viele Leser bei diesem Machwerk ultrakonservativer, katholischer Kreise auf Menschenfänger wie Manfred Lütz herein.

Mit Worten dieses Autors Lütz möchte ich feststellen: „Mit falschen Überzeugungen kann man gut leben," und „Verdrängung ist eine wichtige Fähigkeit, um lebenstüchtig zu bleiben."

Das Skandal-Buch des Autors Manfred Lütz ist ein Abkupfern von Zitaten aus dem Buch von A. Angenendt.

Lütz meint für einfache Leser (wie wohl seinem Friseur, wie er selbst sagte), dieses mit Fehlern und die Wirklichkeit auf den Kopf stellen wollenden Sätzen, ein für einfache Menschen geschriebenes Buch über die allem stehende römisch-katholische Kirche zu präsentieren.

Vielleicht kann er seinen Friseur damit beeindrucken! Schade nur, dass Lütz wohl seinen Friseur einfach für scheinbar dumm hält.

Lütz hält Trump für unmoralisch. Für was hält er sich? Lütz spricht von Narzissmusexperten, die Trump beurteilen. Hat nicht auch Lütz ein überbordendes Selbstbewusstsein?

Vielen Menschen imponiert das unverhältnismäßig hohe Selbstbewusstsein solcher Personen, obwohl diese meistens inkompetent sind.

Selbstzweifel sind ihnen völlig fremd.

Rennt nicht auch ein Manfred Lütz aus Fernsehsendungen oder möchte am liebsten die Unterhaltung abbrechen, wenn andere nicht seiner Meinung sind.

Selbstbewusstsein verfängt in vielen Momenten des Alltags. Daher spreche ich hier in meinem Buch auch von Menschenfängern. Menschen, die mit siegessicherem Auftritten und Sprüchen punkten, ziehen uns an. So weit ist dies auch in Ordnung.

Es ist jedoch zwingend notwendig, ihre Positionen auch mit ihrem tatsächlichen Wissen abzugleichen.

Die Inkompetenz in bestimmten Fragen müssen durch Konfrontation mit fachlichen Fragen, entlarvt werden.

Der Psychiater Manfred Lütz stellt als Facharzt fest, dass ein Mensch der krankhaft narzisstisch ist, darunter leidet. Insoweit kann man dem Psychiater Lütz wohl nicht widersprechen.

Jetzt kommt aber einmal wieder die Lütz`sche Kehrtwendung in dem er gleichzeitig in seiner persönlichen Einschätzung in Bezug auf Trump erklärt, dass dieser, wenn er mit seiner narzisstischen Veranlagung medialen Erfolg hat, er, Trump, dann nicht mehr krankhaft ist. Dies sei sehr gefährlich. Man bekäme es dann nicht durch Therapie weg.

Wie sieht es mit dem überstei-
gerten Selbstbewusstsein des Manfred Lütz aus?

Man nehme einmal an, dass die
Feststellung des Psychiaters Lütz
bezüglich Trump einmal der Rich-
tigkeit entspricht, dann möchte
ich dies einmal auf ihn, Manfred
Lütz, selbst beziehen dürfen.

Es würde dann doch bedeuten, wenn
dieser medial präsente Herr Lütz
mit falschen Behauptungen zum
Thema Missbrauch durch Kleriker
im Fernsehen oder in Diskussionsrunden als Berater des Vatikans,
diese Fakes, wie ein Trump ver-
streut, er Lütz, ebenfalls narzisstisch ist, aber durch seinen
Erfolg (siehe sein Skandal-Buch)
dann jedoch nicht krankhaft ist.

Lütz ist so was von selbstbe-
wusst, dass er für die Kirche
geeignete Diagnosen für Missbrauchtäter der Kirche, für die
Kirche ~~„entsprechend"~~ verfasst
und sich sogar noch dafür her-
gibt, bei der Aufklärung der
Missbrauchsfälle bei der Gut-
achtenerstellung mitzuwirken.

Es ist aber nicht nur selbstbe-
wusst, sondern das Verhalten
dieses Herrn Lütz ist beschämend,
moralisch abwertend, kalt und
unerträglich, den Opfern gegenüber.

Mir fällt da nur noch ein Sprichwort ein: „Den Bock zum Gärtner
machen".

Personen wie Manfred Lütz, die
bei Erfüllung der ihnen in der
Aufklärungsarbeit zugewiesenen

Aufgaben eigentlich Neutralität und Objektivität garantieren sollten, jedoch eine sehr enge Verbindung zur Institution Kirche wie zum Beispiel als Berater des Vatikans aufweisen, sollten diese Tätigkeit bei der Gutachten-erstellung, nicht ausführen müssen und dürfen.

Aus Opfer-und Betroffensicht wecken diese Handlungen der Kirche mit ihren Handlangern, Zweifel an einer unvoreingenom-menen Bearbeitung.

Als Gutachter wurde Manfred Lütz gleichzeitig katholischer Theologe und Berater des Apostolischen Stuhls, vielfach eingesetzt.

Ich spreche hiermit dem Psychiater Manfred Lütz nicht seine

Kompetenz als Arzt ab, das steht mir nicht zu, aber ich möchte ihn bei seinen sämtlichen öffentlichen medialen Auftritten vielleicht daran erinnern dürfen, wie es mit seiner Selbsterkenntnis aussieht.

Bei der Selbsterkenntnis ist nicht unbedingt ein Arzt oder ein Außenstehender gefragt, sondern nur die Person selbst ist hierzu in der Lage.

Eine Selbstüberschätzung ist doch wohl nicht auszuschließen, oder?

Wie Manfred Lütz selbst sicherlich weiß, so machen gesellschaftlicher Druck und erhöhte Erwartungen an sich selbst, einem das Leben manchmal doch sehr schwer und vielleicht sollte man lernen, sich etwas mehr zurückzu-

nehmen und sich doch selbst nicht
so wichtig nehmen.

[AU] Selbstverherrlichung

Lütz meint in falscher Wahrnehmung und Einordnung des Buches von A. Angenendt darin so etwas wie die „Wahrheit" zu sehen und meint allen Ernstes, nun endlich die in diesem Buch geschilderte wirkliche Geschichte des Christentums liefern zu können. Lütz hält das Buch von A. Angenendt für "Aufklärung im besten Sinne", <u>weil er dessen Charakter als Rechtfertigungsschrift glatt verkennt.</u>

Angenendt starb 2021 in Münster und es dürfte sehr fraglich gewesen sein, ob A. Angenendt sein Buch so hätte verstanden wissen wollen, wie es ein Manfred Lütz versucht zu interpretieren.

Leider kann er dazu nicht mehr Stellung nehmen.

Zum Thema Papst Benedikt XVI. und Kirche allgemein, präsentiert sich Manfred Lütz gerne mit dem bekannten und beliebten Fernsehmoderator Markus Lanz, wodurch er einfach so nebenbei gut sein Buch vermarkten kann und durch die hohen Auflagen auf die Bestsellerliste kommt.

Er verfasst sogar gemeinsam ein Buch mit Markus Lanz über Papst Benedikt XVI.

Ich verstehe Manfred Lütz als Menschenfänger und er versteht darin sein Handwerk.

Gerne, wie bereits erwähnt, schreibt Lütz scheinbar seine Bücher, wenn die handelnden

Akteure wie der Papst Benedikt
XVI.(†), A. Angenendt (†), oder
der Theologe H. Missalla (†),
bereits verstorben sind, so stößt
man auf wenig Gegenwehr und der
Zitierte kann sich nicht mehr
dagegen wehren, ob er seine
Aussagen überhaupt so gemeint
hat. Man kann auch Aussagen nicht
mehr überprüfen, ob sie überhaupt
gesagt wurden. Wie praktisch für
Menschenfänger, solche
Behauptungen aufzustellen.

Sicherlich hat Manfred Lütz von
einem Verstorbenen bereits das
nächste Werk zum Bestseller in
Vorbereitung. Vielleicht von
Papst Franziskus, um sich mit
dessen Lorbeeren zu schmücken.
Vielleicht schreibt Herr Lütz,
was Papst Franziskus ihn alles
noch vor seinem Tod zugeflüstert
hat.

Lütz sieht tatsächlich in Papst Benedikt XVI. den ersten großen Aufklärer in Sachen Kindesmissbrauch von Amtsträgern.

Dass pädophile Priester während der Zeit als Joseph Ratzinger als Erzbischof von München und Freising in seinen Verantwortungsbereich tätig waren, versetzt wurden, und dort erneut Kleriker sich an Kinder vergingen - er habe nichts davon gewusst, beteuert der damalige Papst Benedikt XVI.

Der Papst Benedikt XVI, versuchte dann in einem Aufsatz, den Missbrauchsskandal in der katholischen Kirche mit der 1968er-Bewegung zu erklären, die Pädophilie erlaubt hätten.

Für wie dumm halten die Kleriker
ihre Schäfchen?

.

[AV] Der unfehlbar scheinende Papst Benedikt und seine Eingebung

Dann kommt jedoch vom Papst plötzlich eine Ergänzung (oder sagt man Eingebung?).

Selbst wenn er teilweise davon Kenntnis gehabt hätte - hier wird im Konjunktiv gesprochen - würde man Folgendes berücksichtigen müssen: Der Pfarrer, um den es in einem konkreten Fall gehe, sei als Exhibitionist aufgefallen, aber nicht als Missbrauchstäter im eigentlichen Sinn. "Die Tathandlungen bestanden jeweils im Entblößen des eigenen Geschlechtsteils vor vorpubertären Mädchen und in der Vornahme von Masturbationsbewegungen, sowie auch im Zeigen pornographischen Materials. In keinem der

Fälle kam es zu einer Berührung."

Zum damaligen Zeitpunkt hätte ich den damaligen Papst gesagt: „Na, Herr Ratzinger", „dann war ja wohl alles gar nicht so schlimm, oder?" Dann kann der exhibitionistisch aufgefallene Priester doch weitermachen, wenn er nach der Meinung des Papstes dann nicht „Missbrauchstäter" im eigentlichen Sinne ist, oder?

[AW] Aussage Benedikt XVI.: Wenn ein Pfarrer außerhalb seines Wirkens sich seinem Opfer näherte,ist es doch nicht so schlimm.

Die Äußerungen des Papstes Benedikt XVI. werden noch konkreter und wirrer:

Auch sei zu berücksichtigen, dass sich der Pfarrer den Mädchen immer an "Orten außerhalb seines Wirkens als Priester und Religionslehrer" genähert habe.

Ja, Herr Ratzinger, dann ist ja alles in Ordnung, oder?

Liebe Leserinnen und Leser, mir fehlten die Worte bei dieser Aussage eines Papstes.

Es ist Benedikt XVI. wichtig: "Weder als Priester in der Pfarr-

seelsorge noch als Religionslehrer" habe sich der betreffende
Priester "das Mindeste zuschulden
kommen lassen".

Ohne dass es ihm bewusst zu sein
schien, belegt Benedikt mit
diesen Passagen einmal mehr, was
Gutachter nun schon so oft nach
jahrelanger Recherche in katholischen Kirchenbauten angeprangert
haben: Beim Umgang mit Miss-
brauchsvorwürfen ging es den Verantwortlichen jahrzehntelang in
erster Linie darum, den Ruf der
Priester zu schützen.

[AX] Papst Benedikt XVI., klug und spitzfindig???

Manfred Lütz spricht in seinem mit Markus Lanz verfassten Buch über sein letztes Gespräch mit dem Papst, wie klug und spitzfindig dieser sei, jedoch das kann man doch bei diesen Aussagen des Papstes wohl nicht mehr annehmen.

Ein entscheidendes Datum aus dieser Zeit ist der 15. Januar 1980. An diesem Tag wurde in einer Sitzung entschieden, dass der berüchtigte Priester nach (natürlich) Bayern übersiedeln durfte.

Nochmals danke Bayern. Woher stammen noch mal der Papst und sein Bruder? Waren es nicht die

Ratzingers aus Markt am Inn, ebenfalls Bayern.

Er habe davon nichts gewusst, hat Benedikt XVI. immer wieder betont - denn er sei bei dieser Sitzung gar nicht anwesend gewesen.

Aber verstehen denn diese dummen Menschen den Papst Benedikt einfach nicht? Papst Benedikt war tatsächlich nicht dabei. Es war seinerzeit der Ratzinger Josef, nicht der Papst, dieser ist doch unfehlbar.

Das wollte der Papst doch nur damit sagen.

Benedikt XVI. kann sich bei unangenehmen Dingen entweder nicht erinnern, war wohl nicht anwesend, oder ist mir nicht mehr bekannt.

Der Gutachter Rechtsanwalt Ulrich Wastl präsentiert bei der denkwürdigen Pressekonferenz eine Kopie des **Sitzungsprotokolls - und demnach hat Josef Ratzinger durchaus teilgenommen**, na ja, eben Ratzinger und wohl nicht Benedikt XVI.

Dann war doch tatsächlich der Papst wieder so spitzfindig und berichtete von Dingen, die nur er aus der denkwürdigen Pressekonferenz wissen konnte, nämlich von Details eines Gesprächs mit Papst Johannes Paul II. über den kritischen Theologen Hans Küng.

Höchstwahrscheinlich suchten Papst Johannes Paul II (†), sowie Kardinal Ratzinger nach einem Weg, wie sie den Kirchenkritiker und Theologen Hans Küng (†) am besten mundtot machen könnten (persönliche Annahme des Autors).

Er halte Benedikts Angabe, er sei in dieser Sitzung nicht anwesend gewesen, für "wenig glaubwürdig", sagte Rechtsanwalt Wastl.

Wenig glaubwürdig heißt nach meiner Auffassung: „Der unfehlbare Papst hat wie auch seine Mitstreiter, gelogen!!!"

Der Autor und Psychiater Manfred Lütz ist Berater des Vatikan und hält den verstorbenen Papst doch tatsächlich für einen Aufklärer und spitzfindig, andere sagen dazu, Lügner.

Benedikt XVI. hält auch Homosexualität als krankhaft. Dann haben sich wohl angeblich die Hälfte aller im Vatikanbeschäftigten mit dieser Krankheit angesteckt. Der nachfolgende Papst Franziskus sah dies hingegen anders.

Es soll kein Angriff an einem in die irregeleiteten Autoren namens Lütz sein, sondern ich möchte eher darauf hindeuten, wie gefährlich diese zum großen Teil unwahren Tatsachenbehauptungen dieses Psychiaters sind. Sie bringen Menschen auf falsche „ungesunde" Wege. Drogen bewirken das Gleiche, das weiß auch ein Psychiater! Aber gerade deshalb wendet er sie an und scheint ihm diese Methode wohl so gut bekannt zu sein.

In der heutigen Jugendsprache würden wir bei diesen Unwahrheiten von Fakes sprechen, die durch einen gewissen Trump durch das Internet salonfähig, scheinbar zur Normalität gehören und auch von Manfred Lütz jetzt wohl gerne eingesetzt werden.

Sobald sich heute Menschen mit Themen befassen oder diese nur versuchen zu benennen, werden sie von „Gegnern" beschimpft und beschrien und mit Fakes zugeschüttet.

[AY] Literaturverzeichnis hat Manfred Lütz nicht nötig

Herr Lütz hält es nicht für nötig den Leser zu informieren, woher er sein Wissen empfängt und hält es ebenso nicht für nötig ein Register oder Literaturverzeichnis in seinem Buch aufzuführen. Man sucht es vergebens. Dieses Verhalten sehen wir bis heute bei Trump & Co..

Über Missbräuche der Kleriker oder über den Umgang mit Sexualität, darüber möchte der Psychiater und Berater des Vatikans, Manfred Lütz sich scheinbar nicht gerne äußern zumindest nicht in Diskussionen, wenn es zu diesem Thema kommt. Dabei könnte er doch so viel dazu beitragen, denn er war ja jahrelang damit in Köln beschäftigt. Wenn überhaupt so überfliegt er dies in seinem Buch und widmet es mit wenigen Worten.

[AZ] Menschenfänger oder Ver(w)irrter?

So verlässt der Autor Lütz auch fluchtartig ein Fernsehstudio, da er scheinbar in seiner Selbstgefälligkeit sich nicht einer Kritik stellen kann. Wie kann und soll man das Fehlverhalten dieses Psychiaters und angeblich gebildeten Menschen deuten? Der Fachbegriff dafür ist wohl Therapieresistenz.

Menschenfänger können vielleicht rhetorisch gut sein - sie sind aber meistens gefährlich! Diesen Menschenfängern geht es nur darum andere Menschen zu beeinflussen.

Ein Machtinstrument der „religiösen *Menschenfänger*" ist dabei auch stets die Unterdrückung und Verteufelung der Sexualität.

Manfred Lütz muss als Autor schon gute Connections haben oder sich mit Markus Lanz zusammentun, um mit seinem Buch auf die Spiegel-Bestsellerliste zu kommen.

Das Buch mit rheinischer Frohnatur zu vermarkten und karikaturistisch zu verpacken, das versteht der Menschenfänger Lütz. Sowas kommt an.

Ein Autor wird aber nicht zum Bestseller, weil man ein so inhaltlich gutes Buch geschrieben hat, sondern weil man gute Verkaufszahlen für den Verlag bringt.

[Z] Laut Manfred Lütz waren der Islam und die Evangelische Kirche viel schlimmer

Lütz versucht das christliche Massaker mit der Gewalt im Islam zu vergleichen und das Unrecht der einen mit dem der anderen Seite aufzurechnen.

Er bringt Zahlen (wie kommt er auf diese Zahlen?) die zeigen sollen, dass die römisch katholische Kirche während der Inquisition relativ wenige Menschen ermordet hatte, viel mehr aber die Evangelische. Es gibt keinerlei gesicherte Aufzeichnungen darüber. Er führt dabei triumphierend Konstanz an, die Stadt der Evangelischen. Dies wirkt lächerlich.

[BB] Der Holocaust wird instrumentalisiert

Der Autor Lütz versucht perfide, den Holocaust für seine oftmals zweifelhaften Thesen zu instrumentalisieren, und es ist dumm, was ein deutscher Autor sich da zusammenschreibt.

Demnach gehörte Zensur allgemein „zu dem selbstverständlichen und kaum hinterfragten Instrumentarium staatlicher und kirchlicher Ordnungspolitik", zitiert er einen Kirchenhistoriker. Dann meint der Autor, noch hinzufügen zu müssen, dass Holocaustleugnung heutzutage ja auch strafbar ist. Dümmer geht's nicht mehr!

Der unselige Papst Johannes Paul II. wusste, warum er diesen Mann (Manfred Lütz) in hohe Berater-

gremien berufen hat. Die Kirchen-
führer schwimmen selbst noch
fünfhundert Jahre nach Luther
oftmals im eigenen Saft und sind
nur beschränkt lernfähig (Drewer-
mann hat sie als nicht reform-
fähig bezeichnet).

Als neue Erkenntnis verkauft der
Autor Lütz die These, das Chris-
tentum sei die Speerspitze der
Emanzipation gewesen. Toll!

Hinsichtlich des Zölibats vertritt Lütz wiederum die offizielle kirchliche Lehre.

[BC] Sophistische Rabulistik in Sachen Zölibat

Wenn der Autor Lütz sagt, die Entscheidung für den Zölibat sei eine freie Entscheidung der Priester, so ist dies sophistische Rabulistik.

Wenn es keine andere Möglichkeit der Entscheidung gibt, ist es keine freie Entscheidung!

Dann noch die Auffassung zu vertreten, dass die „zölibatär" lebenden Singles, nämlich die römisch katholischen Priester, diskriminiert würden, darauf muss man erst einmal kommen.

[BD] Wenn alle römisch-katholisch gewesen wären, hätte es keinen Nationalsozialismus gegeben

Dieses oben genannte Zitat des Autors Lütz und die Lobhudeleien über die römisch katholische Kirche durchziehen das gesamte Buch des Manfred Lütz.

Auch interessant die Äußerung von Lütz, dass der unselige National-sozialismus hätte vermieden werden können, wenn alle Menschen damals römisch-katholisch gewesen wären, wie er „einen Wissen-schaftler"(?) zitiert.

[BE] Protestanten haben den Nationalsozialismus ermöglicht

Nach der Auffassung des Autors Lütz waren es ja auch die bösen Protestanten mit ihrer falschen obrigkeitlichen Denkungsart, die den Nationalsozialismus ermöglicht haben.

Herr Lütz zieht wie einst Don Quichotte von La Mancha mit dem Speer in der Hand durch die Lande und verteidigt seine boshaft, skandalisierte, römisch katholische Kirche.

Der Psychiater sowie Berater des Vatikans, Manfred Lütz führt sich auf als Retter des christlichen Abendlandes.

Den Grund für diese Skandale, die er in seinem Buch erwähnt, weist er natürlich ebenfalls den

Protestanten zu, man kann es sich auch nicht anders von Manfred Lütz vorstellen. Herr Lütz behauptet, dass in den vergangenen fünfhundert Jahren es keine Zeit gegeben habe, in der die protestantische Publizistik nicht der katholischen Öffentlichkeitsarbeit haushoch überlegen gewesen wäre.

Diese Erkenntnis muss man erst einmal haben!

Die bösen Protestanten haben alle angeblich diese bösen Schauergeschichten erfunden und weiterverbreitet.

Dabei ist der Skandal der Skandale, das kriminelle Verhalten von **notgeilen römisch katholischen Priestern** bis in deren höchste Ränge und Pädagogen

<u>gegenüber Kindern gewesen, sowie</u> <u>die nachhaltigen Versuche ihrer</u> <u>Leugnung!</u>

Darauf geht der Autor Lütz in seinem Buch nur wie erwähnt recht dürftig ein, wohl wissend, dass dies in großen Teilen die römisch katholische Kirche bis ins Mark erschüttert hat.

Dieses Buch des Dr. Lütz wird keinem wissenschaftlichen Anspruch gerecht und wer an Quellenangaben und belegten Darstellungen interessiert ist, der sollte sich das Original von A. Angenendt zur Hand nehmen.

Herr Lütz beherrscht plakative Formulierungen, die die Dinge auf den Punkt bringen sollen, und liegt gerade damit oftmals immer wieder daneben.

Dieses Buch ist auf der Bestsellerliste gelandet, obwohl es eigentlich eine Mogelpackung ist.

Das Buch ist wie erwähnt überschwemmt mit Zitaten, die noch nicht einmal vernünftig als Zitate gekennzeichnet werden, sondern am Anfang des Buches wird erklärt, dass man Zitate anhand des Personenverzeichnisses diese im Buch von Arnold Angenendt finden kann.

Der Leser des Buches von Lütz ist also bei einer eventuellen Überprüfung von Zitaten gezwungen ein weiteres Buch von Arnold Angenendt zu kaufen, der wahrscheinlich ebenfalls Zitate in seinem Buch gebracht hat.

Was soll das alles? Was soll so ein Buch bezwecken. Doch wohl nur um die katholische Kirche in ein gutes Licht zu rücken. Dies wird ihm aber wohl nicht gelingen, denn die nächsten pädophilen Missbrauchstäter lauern schon auf die minderjährigen Kinder.

Eines kann man aber verstehen, wenn man hinter die Fassade dieses Autors Manfred Lütz schaut, so schmückt sich dieser nicht nur in Reden und Diskussionen mit fremden Federn, sondern auch noch in seinem Buch mit den Lorbeeren anderer oder nutzt bekannte Moderatoren wie Markus Lanz, um damit sein angebliches Wissen zu vermarkten.

Die Selbstverherrlichung dieses Mannes ist kaum zu übertreffen.

Seine auf Kenntnis anderen,
basierenden Darlegungen machen
einen apologetischen und ganz
bestimmt keinen wissenschaftlichen Eindruck.

[BF] Die Kirche denkt: Wir sind die Opfer, nicht die Missbrauchten

So wie die Kirche denkt und bis heute handelt, so ist auch das Fazit in dem Buch des Beraters für den Vatikan: „Es ist geradezu verhext. Wie immer es die katholische Kirche anstellt, am Ende ist sie das Opfer," meint er doch tatsächlich.

***** Nein, Nein, Herr Lütz, das Opfer ist nicht die katholische Kirche - das Opfer sind die Menschen die Tod, Leid und sexuellen Missbrauch, durch die katholische Kirche erfahren haben und das bis zum heutigen Tag und wohl leider noch darüber hinaus.*****

Wissenschaftliche Methodik und Genauigkeit stehen bei seinem

Buch hinten an. Es ist mit marki-
gen Behauptungen, Ungenauigkeiten
und eindeutigen Fehlern garniert.

Die Methode bei seinem Werk ist
mehr als auffällig. Bei Gewalt-
tätigkeiten im Mittelalter wird
dies immer nur auf das Konto der
"weltlichen Macht" verbucht, während Mäßigung und Fortschritt
immer der Kirche gut geschrieben
werden.

Manfred Lütz schreibt beispielsweise: „Der Dominikanermönch
Heinrich Kramer ging mit brutaler
Gewalt gegen Hexen vor und hatte
sich vorher dafür die Erlaubnis
beim Papst eingeholt." Dies wird
dann als Privatspaß des Herrn
Kramer abgetan, der mit der
Kirche und Inquisition nichts zu
tun hat. Und was waren bitte
„Hexen"? Es waren Frauen, die der

Kirche oder der Obrigkeit nicht passten. Sie wurden umgebracht. Ja, Herr Lütz, dies geschah mit Erlaubnis des Papstes!

Beim Jesuiten Friedrich Spee der sich kritisch zur Hexenverfolgung äußerte, war es dann plötzlich die Kirche, die die Hexenverfolgung beendet hat. Diese Methode ist wie alles in seinem Buch, äußerst fragwürdig.

Die von Manfred Lütz versprochenen Fakten und Forschungsergebnisse bleiben wie immer aus.

Es kann einem übel werden wenn Zahlen von Todesopfern der Inquisition und Hexenverfolgungen oft mit Opfern der weltlichen Justiz bei Hinrichtungen und Verbrechen verglichen werden. Wo sucht sich dieser Autor die Zahlen?

Dann noch den Spruch bringen, dass kirchliche Folter viel weniger schlimm ist, strenger reglementiert und ja schließlich alles unter ärztlicher Aufsicht geschah!

Herr Psychiater – gehts noch?

Das ganze Buch dieses Herrn ist bespickt mit Fehlern und man könnte hier viele Seiten durchgehen und überprüfen. Man fragt sich auch, wer denn die namhaften Historiker, Historikerinnen, sein sollen, die das Buch dieses Vatikan-Beraters, Korrektur gelesen haben sollen???

Herr Lütz sollte sich schämen, selbst beim Thema Kindesmissbrauch mit Zahlen zu argumentieren und zu behaupten, dass ja

die allermeisten Missbrauchsfälle
(wir sprechen von sexuellem Missbrauch von Minderjährigen)außer-
halb der Kirche stattfinden
würden.

Ist es dadurch weniger schlimm!?

Es soll mal wieder festgestellt
werden, dass es überall schlimmer
ist, bloß nicht bei der Kirche.

[BG] Eher wird man vom Küssen schwanger, als vom Zölibat, pädophil

Er bestreitet, dass es einen systematischen Zusammenhang zwischen überproportional vielen Missbrauchsfällen und Strukturen der Kirchen (Zölibat) geben könne. Geschmack- und charakterlos der Spruch von Lütz zu diesem Thema: „Eher wird man vom Küssen schwanger als vom Zölibat pädophil!", sagt alles über diesen Kirchenberater des Vatikans und Buchautors aus.

Schämt sich dieser Vatikanberater nicht vor seinen eigenen Kindern oder Enkelkindern, so zu denken und dies zu schreiben?

Es gelingt dem Autor in seinem Buch nicht, wie er es in der Ein-

leitung verspricht, die Sachverhalte objektiv zu betrachten, was
sich wohl auch mit seiner Biogra-
phie und der Nähe zum Vatikan
erklären lässt. Dafür bekommen
alle anderen ihr Fett weg:
Protestanten, Orthodoxe, Juden,
Muslime, Atheisten, sogenannte
Heiden, etc..

Herr Lütz, da macht es doch Spaß,
sich von den Geflüchteten Musli-
men u.dgl. einmal im Jahr
bekochen zu lassen!!

Das Buch ist eine Apologetik
(nicht im positiven Sinne) in
Buchform und ist ein weiterer
misslungener Versuch, die katholische Kirche von ihren nachweis-
lichen Verbrechen und Untaten
reinzuwaschen.

[BH] Die Katholiken unterstützten nicht das NS-Regime

Zu den falschen Feststellungen im Buch des Katholiken Manfred Lütz, dass das NS-Regime weniger von Katholiken, sondern von Protestanten gestützt wurde, möchte ich an hochrangige Nazis erinnern:

• Josef Göbbels kam aus einer katholischen
   Familie aus Rheydt
   • Rudolf Höß, (nicht Rudolf Hess!) katholisch aus
   Baden-Baden
   • Heinrich Himmler, bürgerlich-katholisch
   • Adolf Hitler, lt. Taufakten
   aus katholischer Familie
   • Franz Stangl katholische
   Familie aus Altmünster am
   Traunsee.

Die NS-Bewegung ging von München, vom erzkatholischen Bayern aus.

Eine Zitatensammlung von <u>selbst-ernannten "Geschichts-Interpretations-Experten"??,</u> reicht beim Vatikanberater Lütz nicht für ein gutes Buch.

Was immer man sich unter ver-knöcherten katholischen Positionen vorstellt; Lütz scheint sie alle zu verkörpern, denn alle Positionen des Manfred Lütz bedienen einen sturen und kaum noch vorfindenden Katholizismus.

Er rechtfertigt sogar die Unfehlbarkeit und erlaubt sich nicht die leiseste Kritik an der unfehlbar 1950 verkündeten Aufnahme Mariens in den Himmel. Eine köstliche und absurde Spitze des

katholischen Aberglaubens. Warum
tut er das?

Meine Vermutung: Er will es sich
mit dem   Vatikan, dem er doch
als Berater dient, letztendlich
mit dem Himmelreich nicht ver-
scherzen, denn ein Widerspruch
gegen dieses als unfehlbar ver-
kündete Dogma wäre ja eine Todsünde.

Während säkulare Menschen mehr
oder weniger in Frieden sterben
können, wie das von der Natur
auch seine Richtigkeit hat,
bilden Christen, und besonders
die Hardliner unter ihnen sich ja
ein, es gebe einen Teufel und ein
Gericht, und wenn sie nicht brav
sind, also z.B. der Kirche in so
einer wichtigen Sache wie der
Aufnahme der Gottesmutter in den

Himmel widersprechen, riskieren sie die Hölle.

Es mag für Außenstehende naiv klingen, doch die Angst vor der Hölle war über zwei Jahrtausende für Millionen von Gläubigen real. Das eigentliche Verbrechen der Kirche ist das Schüren dieser Angst, früher und noch heute.

So stur wie dieser gläubige Katholik Manfred Lütz „glaubt", dürfte er nicht frei von Jenseitsängsten sein.

Ich möchte nicht hoffen, dass im Himmel arabisch gesprochen wird, denn sonst geht der Katholizismus nach hinten los.

Vieles wäre noch zu sagen zum Skandalbuch von Lütz, jedoch ist meine Beschäftigung mit dieser

Lektüre schon viel zu lang
geraten.

Man sollte jedoch diesen Autor
selbst noch einmal zu Wort kommen
lassen. Denn ohne, dass er sich
scheinbar dessen bewusst war, hat
er selbst in einigen Sätzen seine
Position treffend formuliert.

Warum aber ist ein Mensch wie
Manfred Lütz so verbiestert reli-
giös? Nun, weil Religion "etwas
Intimes" ist, wie Lütz schreibt.

Jedoch diese Auffassung ist wie
vieles in seinem Buch, falsch.
Als Berater des Vatikans ist das
Verhalten von Lütz zu erklären,
dass mitunter höchst rationale
Menschen, wie er, „höchst
irrationale Weltanschauungen
haben und jede Operation daran
mit dem Skalpell der Vernunft

strikt verweigern."

2000 schrieb der namhafte Philosoph Herbert Schnädelbach einen aufsehenerregenden Text: „Der Fluch des Christentums", und fällte darin ein vernichtendes Urteil über das Christentum.

Er meinte: **„Das Beste, was das Christentum für die Menschheit tun könne, wäre: sich auflösen!"**

Er stützte sich auf einen breiten gesellschaftlichen Konsens über die angeblich skandalöse Christentumsgeschichte.

**[BI] TEIL II - Homosexuali-
tät,Gesellschaft und Kirche -**

Gott ist laut Kirche der Schöpfer
von allem, dann hat er auch uns
so geschaffen, wie wir sind – so
schuf uns Gott.

Diskriminierung und Transfeindlichkeit sind in dieser Gesellschaft tief verankert, allein
schon durch das schlechte Verhalten der Kirchen.

Hass wird durch die immer mehr
aufkeimenden rechten Gruppierungen immer präsenter. Queer-
bzw. Homofeindlichkeit scheint
bei vielen ganz normal zu sein.

Homophobie ist jedoch für diesen
Hass ein falsches Wort, denn Hass
ist keine Angststörung.

Es steckt dahinter eine menschen-
verachtende Ideologie. Man sollte
von Queerfeindlichkeit sprechen.

Die Zahl der Angriffe auf queere
Personen hat sich in den letzten
5 Jahren (Stand 2023), verdop-
pelt.

Viele Homosexuelle, die ihre
Liebe durch ein Händchenhalten
oder ein Küsschen zeigen wollen,
können dies an bestimmten Orten
nicht mehr öffentlich tun. Es
gibt Beschimpfungen, Bespucken,
Schläge und Todesfälle.

In der Stadt Münster (katholisch
stark geprägt), führte am Rande
des CSD 2022, Hass und Gewalt,
zum Tode eines 25-jährigen Trans-
mannes.

Es ist leider ein Beispiel von vielen ähnlichen Fällen.

Es gibt weder den Heterosexuellen, weder den Homosexuellen oder Schwulen noch den Transsexuellen.

Wir müssen uns auch nicht alle in Schubläden packen lassen, wie es die Allgemeinheit gerne möchte, denn wir sind nur eines: MENSCHEN.

Die Menschen müssen nicht namentlich auf ihre Sexualität festgelegt werden. Man muss gar nicht für alle verschiedensten Menschen eine spezielle Extra-Bezeichnung finden, denn wir sind alle „nur" Menschen. Menschen die vielleicht nicht das tun, was die Mehrheit macht.

Weder die Heterosexuellen tragen ein Schild um den Hals mit der Aufschrift: „ich bin Heterosexuell" und ebenso brauchen queere Menschen sich nicht durch Bettitulierung abstempeln lassen.

Leider haben Schwulenbewegungen, seien es die CSD-Veranstaltungen oder ähnliche, bis heute nicht viel gebracht und das Gutgewollte geht manchmal genau in die falsche Richtung, wie derzeit. Trotzdem halte ich diese Veranstaltungen für richtig.

Es ist richtig, sich offen zu
zeigen.

(4) Privates-
Foto vom Autor

Heute noch werde ich beim Kennen-
lernen anderer freundlich
angesprochen und wenn es um die
Familie geht und ich dann
erwähne, dass ich homosexuell
sei, kommt der Spruch: „Oh, das

hätte ich jetzt gar nicht
gedacht."

(5) Privates Foto vom Autor

Dies ist übrigens meine Familie:
Mein Mann, mein Sohn und ich nach
25 Jahren Verpartnerung die
Heirat:

Genauso hätte auch ich das
Gespräch beginnen können und nach
der Familie fragen können und

dann sagen: „Oh, das hätte ich jetzt gar nicht gedacht, das du heterosexuell bist." Ich glaube, damit wäre das Gespräch dann aber meistens zu Ende.

Wir müssen, ja wir sollen diese Aussagen aber unser Leben lang tolerieren.

„Das ist doch nicht schlimm, wird dann gesagt, oh was bist du emp-findlich."

Öffnet man sich jemanden, obwohl wir dies eigentlich nicht brau-chen, denn der Heterosexuelle braucht dies ja auch nicht zu tun, dann heißt es meisten: „Ja, ich persönlich habe ja nichts gegen Schwule, aber ...."

Andere die einem manchmal schon länger kennen, stellen die Frage:

„Darf ich dich einmal etwas fragen?" „Wer von Euch beiden ist die Frau und wer der Mann?" Andere fragen, „Wer kocht eigentlich bei Euch und wer macht die Hausarbeit?"

Stelle ich etwa auch diese Fragen an eine heterosexuelle Person oder einem Hetero-Paar?

[BL] Trump-Nachahmer

Der Beauftragte des Vatikans, Manfred Lütz, stellt mit seinen Schilderungen, in burlesker Art, die katholische Institution Kirche dar, die nur geringe bis gar keine Verfehlungen ihr eigen nennt.

Gleichzeitig vergisst er, dass die Kirche Hass gegen die queeren Menschen predigt.

Ich benenne diesen Manfred Lütz hier leider für mein Gefühl viel zu oft, jedoch sind wir heute von so vielen Menschenfängern und Trump-Nachahmern umgeben und wir sollten unsere Kinder und Jugend-lichen vor Falschmeldungen und Fakes warnen und beschützen!

Manfred Lütz leitete ein Krankenhaus für Psychiatrie in **Köln!** Zum Thema Homosexualität und Kirche äußert er sich kaum, dieses Thema liegt ihm scheinbar nicht, obwohl ihn die Suizid-Fälle junger Menschen auf Grund ihrer Ängste bezüglich ihrer sexuellen Veranlagung, durch die Arbeit als Psychiater bekannt sein müssten.

Die Stadt Köln, wo Lütz arbeitete, steht in Deutschland übrigens ganz besonders für Offenheit in der queeren Szene.

Ja, Manfred Lütz kennt natürlich sehr genau diese Fälle, wo Jugendliche, in, während und nach der Pubertät Suizid (Selbstmord) begingen. Viele insbesondere junge Männer nahmen sich im Pubertätsalter das Leben, da sie mit dieser Problematik nicht

allein zurechtkamen. Die Kirche
war für diese jungen Menschen nie
eine Hilfe, im Gegenteil.

Eltern die ihre Kinder durch
Suizid verloren, wo diese Thematik eine Rolle spielt, werden die
Haltung der Kirchen oder Kirchenberater kaum verstehen.

[BM] Kirche trägt zum Suizid bei persönliche Auffassung des Autors

Lütz stellt die Thesen der römisch-katholischen Kirche somit auch zum Thema Homosexualität, immer noch oder immer wieder, als völlig richtig hin.

Die Kinder und Jugendlichen, die ihre Identität in Sachen Sexualität noch nicht gefunden haben bzw. ihr Verlangen noch nicht verstehen, werden durch die falschen Behauptungen der Kirche in den Suizid getrieben. Sie halten den Druck nicht mehr aus.

Der Psychiater und Kirchenberater des Vatikans, Lütz, sollte sich dieser Problematik vielleicht mit konkreten Verbesserungsvorschlägen annehmen, anstatt Papst Bene-

dict XVI. (†) als Heiligen vermarkten zu wollen, was ihm wohl
kaum gelingen sollte, jedoch
dahinter steht wohl diese
Absicht.

Heiligsprechung erhoffte sich
ebenfalls Ratzinger durch seine
Unfehlbarkeit als Papst, noch
kurz vor seinem Tod.

Diese Ehre wird auch dem Papst
Benedict XVI. sicherlich in einigen Jahren durch die Kirche
gewährt werden, wenn die Missbräuche mit Minderjährigen wieder
zeitweise in die Vergessenheit
geraten.

Eine dementsprechende Zeremonie
wird sich die katholische Kirche
für ihren „Unfehlbaren", nicht
entgehen lassen und die bayerische Community wird dazu bei-

tragen, dass dies zu geschehen hat. Die Bayern werden dafür gerne nach Rom pilgern.

Papst Benedikt erließ 2005 das Verbot für alle Homosexuellen, Priester sein zu dürfen und erklärte doch tatsächlich, dass selbst bei sexueller Abstinenz ein Priester nicht homosexuell sein dürfe. Er setzte Homosexualität mit einer psychischen Krankheit gleich. Zu dieser Aussage des Papstes äußert sich der Arzt Dr. Lütz wohl ebenso nicht.

Das passt wahrscheinlich auch ins Bild des Psychiaters und Vatikanberaters Manfred Lütz, nur leider nicht ins Bild von einem Arzt Lütz.

Da der Papst doch angeblich so spitzfindig ist, wie es der Vati-

kanberater meint, wäre es besser
gewesen, wenn Benedikt XVI. alle
pädophilen Priester aus ihren
Ämtern hätte entfernen lassen.

Der prozentuale Anteil Pädophiler
unter Heterosexuellen bzw. Homosexuellen ist gleich. Aber beim
Entfernen der pädophilen Priester, hätte der Papst wohl Probleme bekommen, sein Amt noch ausführen zu können.

Hassverbrechen auf queere Personen haben nicht nur in Deutschland, sondern überall in der Welt
zugenommen. Die Kirche hat eine
große Mitschuld und trägt seit
jeher zu diesem weltfremden
Denken bei.

Ebenso wie die Kirche, so suchen
heute die rechten Gruppierungen
in der Gesellschaft nach neuen

Sündenböcken. In den 80 er Jahren waren es bereits die männlichen Homosexuellen, danach die Geflüchteten und jetzt sind es die queeren Menschen oder Transpersonen.

Zu queeren Personen wird oft gesagt: „wenn ihr nicht immer so auffällig währt, einfach normaler währt, dann hätten wir auch keine Probleme damit."

Nein, nicht die, die diskriminiert werden müssen sich ändern, die Diskriminierenden müssen sich ändern. So wie die Kirchen Jahrhunderte Menschen, die nicht ihrer Norm entsprechen verachten, so machen es heute hinzukommend die Rechten (AFD).

Wir dürfen daher nicht schweigen und diesen Menschenfängern das Feld überlassen.

Die Kirchenoberen, wie deren Berater des Vatikans, z.B. Manfred Lütz, sollten verstehen lernen, dass zum Beispiel transgeschlechtlich oder homosexuell zu sein, keine Frage des Wollens ist sondern:

GOTT HAT UNS ALLE SO GESCHAFFEN, WIE WIR SIND

Jeder Mensch muss die gleichen Rechte haben, um am öffentlichen Leben teilhaben zu können.

Wir müssen also jeden Tag aufs Neue dafür kämpfen, dass alle Menschen verschieden, aber gleich an Rechten und gleich an Würde sein können. Ich versuche trotz harter Widerstände, insbesondere

Widerstände seitens der Kirchen, mich für die Rechte von gesellschaftlichen Minderheiten einzusetzen.

Das Verständnis für Andersdenkende ist in unserer Gesellschaft immer noch nicht vorhanden.

Ein persönliches Beispiel: Es wurde ein homosexueller Schützenkönig im Dorf „auserwählt", denn andere standen wohl nicht zu Genüge in dem Jahr zur Verfügung. Hierbei gab es Widerstände, die diese Entscheidung torpedieren wollten und die es als nicht angebracht ansahen und hierzu homophob Stellung nahmen. Die Gründe sind meistens bekannt.

Wie die Mehrheit dann jedoch diese Entscheidung traf, hörte ich von Personen aus Nachbardörfern: „Ihr seid ja so etwas von offen, ihr habt ja sogar einen „schwulen" Schützenkönig."

Genau das ist aber **nicht** ein Zeichen für Toleranz und Offenheit, sondern <u>wenn nicht mehr davon gesprochen wird, dann ist es ein Zeichen für Offenheit.</u>

Daran kann man sehen, wie wenig offen die Gesellschaft besonders im ländlichen Raum auch heute zur Homosexualität steht.

Übrigens, als junge Burschen mit ihrem Bollerwagen durch unsere Straße zogen, um den „schwulen Schützenkönig" zu ehren, schrien sie (wohl angetrunken), als sie uns sahen herüber: „Scheiße, wenn man schwul ist".

Ja, so kann man vielleicht besser verstehen, warum sich heute noch, besonders im ländlichen Bereich, die Homosexuellen oder queere Menschen verstecken und wenn machbar, sich lieber in die Anonymität der Städte zurückziehen.

Ein zweites Beispiel: Muss man in ein Krankenhaus sind dort oft noch Mehrbettzimmer. Gleich nach der Aufnahme, wird dort von den Mitpatienten, das zutrauliche „Du" untereinander angeboten und dann zeigen die Männer mit ihren Handys Fotos von ihren Frauen, Kindern, Enkelkindern, Haustieren udgl.

Sogleich wird man nach verheiratet oder/und nach der Frau befragt. Es ist für mich wie eine Entschuldigung und Offenbarung meiner Sexualität, wenn ich am ersten Tag dann sagen muss: „Ich habe einen Mann und bin mit ihm seit 25 Jahren verheiratet, obwohl ich stolz darauf bin."

Genau das ist aber unangenehm, denn ich möchte meine Sexualität nicht gleich einem Fremden bekanntgeben und Lügen möchte ich ebenfalls nicht. Jedoch bleibt mir kaum eine andere Wahl.

Ich muss dies tun, denn ich möchte ja höflich sein.

Es folgt dann nach meiner Offenlegung oft erst einmal eine Pause beim Gespräch und dann wird die Beziehung im Krankenzimmer neu eingeordnet. Sie ist dann nicht mehr die Gleiche.

„Wo findet in unserer Gesellschaft eine Gleichberechtigung

aller statt, egal ob Menschen mit weißer, brauner, schwarzer Hautfarbe und egal welchen Glaubens und welcher Sexualität?"

Über seinen eigenen Körper und über sein eigenes Geschlecht kann niemand fremdes bestimmen, sondern nur einer kann darüber bestimmen, der Mensch selber.

Warum muss ich meine Sexualität benennen und sagen ich bin homosexuell. Ich frage doch auch andere Mitmenschen nicht: „Bist du schwul oder heterosexuell?"

Schwule wollten das Schimpfwort „schwul" legalisieren, aber sie haben es wohl nicht damit geschafft in dem sie bei jedem Gespräch das Wort „schwul" benennen. Ich meine damit ist das Gegenteil entstanden. Ich muss kein Wort für meine Veranlagung finden, um es öffentlich breittreten zu lassen.

Warum hört die Gesellschaft nie mit der Diskriminierung auf, obwohl es alle Richtungen der Sexualität bereits immer gab? **Weil auch die Kirche und die Hardliner es immer wieder predigen!**

Wenn sich jemand in der Familie outet, sagt die Familie: „Du kannst so etwas nicht machen." Als hätte man sich diese Option ausgesucht. Aber es ist keine Option. Eltern sagen, wenn sich ihr Kind outet: „Du kannst so leben, aber nicht bei uns, oder du kannst so leben aber zeige es nicht in der Öffentlichkeit oder falle nicht dabei auf." Kinder kommen sich dann dabei vor, als würden sie ein Verbrechen begehen und werden oft krank.

[BO] Veraltetes Verständnis von Homosexualität

Die katholische Kirche hat ein völlig veraltetes Verständnis von Homosexualität.

Es sind nicht die Homosexuellen, die sich in unserer heutigen Gesellschaft immer noch am besten verstecken sollen, sondern die Kirchen müssen ihre Einstellungen in Sachen Homosexualität über-denken und ändern.

Die Kirche behauptet: „Ihr habt das Recht zu existieren, ihr dürft auch für uns arbeiten, aber bitte im Verborgenen und macht nicht so viel Lärm." „Wir (die Kirche und ihre Mitglieder) sind ja nicht dagegen, aber es ist immer noch gegen die Natur."

Nein, es ist nicht gegen die Natur. Weiß die Kirche bis heute nicht, dass es bei Menschen und Tieren Homosexualität gibt?

6) Genehmigung durch Krzystof Charamsa

Das Wort spießbürgerlich ist eigentlich ein abwertendes Wort, jedoch beschreibt es am besten, wie sich viele Homosexuelle versuchen, noch immer, besonders im ländlichen Raum, vor ihren Arbeitskollegen, Freunden, Nach-

barn, Eltern oder der Verwandt-
schaft zu schützen, die sie verachten könnten und würden.

[BP] Die hetereonormative Welt

Homosexuelle Männer zum Beispiel
verhalten sich lieber spießbürgerlich, indem sie eine Frau
heiraten und sogar Kinder zeugen,
um nicht in der hetereonormativen
Welt aufzufallen.

Dies kann man nachvollziehen,
denn wer möchte schon für sein
Leben geächtet werden.

Genau spießbürgerlich möchten
aber die queeren Menschen nicht
sein und somit widerspricht es
ihrem Tun.

Jahre manchmal Jahrzehnte leben
viele Homosexuelle in ihrer
Scheinwelt. Oft führen sie sogar
ein Doppelleben, in dem sie
zusätzlich zu ihrer Ehe mit Frau,

mit einem Mann oder Männern Verhältnisse haben.

Das bedeutet nicht nur den Schein
zu wahren, sondern sie verhalten
sich „leider" so, um sich vor
Angriffen zu schützen.

Die Kirche spielt im ländlichen
Raum immer noch eine große Rolle,
da sie bei allen Gelegenheiten
mit mischt, egal welche Feste,
Feierlichkeiten oder Trauerange-
legenheiten im Dorf passieren.
Sie hat bei allem nicht nur ihre
Nase dabei, sondern auch mit
Sammlungen, Spenden u.d.gl..

Die kirchlichen Institutionen
haben immer schon verstanden,
dass Profit und die Präsenz wichtig sind.

Die Homosexuellen, die im ländlichen Raum meist durch Familie, Eltern, Schule, christlich erzogen wurden und sich der Kirche durch diese Erziehung zugehörig fühlen, verhalten sich entsprechend durch Verstecken, Heimlichkeit und Lügen.

Queere Menschen versuchen seit Jahrhunderten, es der Kirche recht zu machen, obwohl die Kirche z. B. Homosexuelle als „Feinde" der Kirche sieht.

Genau so spießbürgerlich wie die „Homosexuellen" nicht sein wollen, genau so verhalten sie sich dann natürlich, denn sie kennen besonders im ländlichen Raum, keine Alternative.

Das Wort spießbürgerlich ist eigentlich abwertend, jedoch ich

benutze es, da man kaum ein pas-
sendes Synonym dafür findet.

Der Wechsel geringer Toleranz und
starkem Hass gegenüber Homosexuellen erfolgt rückwirkend gesehen
immer wiederkehrend in den verschiedensten Ländern. In Deutschland wird derzeit ebenfalls
unsere offene Gesellschaft immer
wieder angegriffen.

Der Hass wird zurzeit insbesondere durch die AFD und die rechten Parteien geschürt. Es sind
durch den gesellschaftlichen
Backlash für die Homosexuellen,
deutlich Rückschritte erkennbar.

Durch unsere Demokratie bedingt,
befinden sich die RECHTEN nach
immer mehr Wahlen im Aufwind.

Wir werden dies in vielen neuen

Bundesländern weiterhin bei Wahlen sehen, wie auch in Bayern bei stark rechtsgerichteten Parteien.

Die erstrittenen und aufgebauten Toleranzen in der Bevölkerung durch die jahrzehntelangen Veranstaltungen wie CSD u.d.gl., werden durch den Rechtsruck in schnellen Schritten wieder vernichtet und immer mehr Hass aufgebaut.

Verständnis gegenüber Homosexuellen oder anders geschlechtlich orientierten Menschen findet man im ländlichen Raum verhältnismäßig wenig.

Jedem queeren Menschen und überhaupt jedem Menschen sage ich:
DU BIST RICHTIG, GANZ GENAU SO WIE DU BIST !

[BQ] Kirche und Hass gegenüber Homosexuellen

Die Kirche insbesondere die römisch-katholische Kirche, hat seit Jahrhunderten dazu beigetragen, den Hass gegenüber Homosexuellen zu schüren.

Sie konnte dadurch gezielt von ihren Schand- und Gräueltaten ablenken, indem sie neue Sündenböcke schuf. Hierzu dienten und dienen auch heute noch am besten Minderheiten oder Menschen, die nicht die gleiche Glaubensrichtung vertreten.

Toleranz seitens der Kirche haben die Homosexuellen „Schafe" (Schäfchen) bis heute nicht erhalten. Sie dürfen gerne für die Kirche tätig sein, möglichst für wenig Verdienst arbeiten, jedoch sollen sie mit ihrer Sexualität nicht an die Öffentlichkeit gehen. So ist die Meinung der Institution Kirche. Hier sind sich beide großen Kirchen in Deutschland einig.

Am 26. März 2023 wagte sich in Mettmann, NRW, der katholische Pfarrer Monsignore Herbert Ullmann, ein homosexuelles Paar zu segnen. Er bekam von Rom über seinen Arbeitgeber Kardinal Woelki eine Abmahnung.
   Kardinal Woelki residiert in „KÖLN"!!

Die Stadt Köln steht in Deutschland als Stadt für Toleranz und Offenheit!

Ein „Unbekannter", <u>der zu feige war</u> sich namentlich dazu zu bekennen, hatte den Pfarrer Ull-

mann in Rom angezeigt, und Kardinal Woelki erteilte dem Pfarrer
die Auflage, dass zukünftig im
Raum Mettmann-Wülfrath, kein Seg-
nungsgottesdienst für alle sich
liebenden Paare mehr stattfinden
darf.

Die Menschen, die von der Kirche
Gottes Segen erbitten, sollte man
willkommen heißen, statt sie
abzustrafen und auszuschließen!

[BR] Jeder Gläubige darf segnen

Gesegnet werden können alle, die ihr Leben unter Gottes Segen stellen wollen.

Eine präzise Eigenleistung dafür ist nicht vorgesehen. Aber es gibt auch keine Garantie auf seine Wirkung. Deshalb werden in der evangelischen Kirche Menschen ohne Ansehen der Person gesegnet, jedoch in der katholischen Kirche ist dies anders.

Übrigens: Segnen bedeutet: dem Menschen Heil, Schutz, Glück und Erfüllung im Namen Gottes zuzusprechen. Meist ist es der Priester, der eine Segnung vollzieht.

Aber auch jeder Gläubige kann segnen, also wir alle dürfen segnen!

Wir sollten es tun, in aller Öffentlichkeit!!! – für ALLE.

Aus Protest gegen Kardinal Woelkis Abmahnung erwägen katholische Priester jetzt laut dem „Kölner Stadtanzeiger" sogar eine Segnungsfeier für gleichgeschlechtliche Paare vor dem Kölner Dom.

Man darf gespannt sein, ob es dazu kommt.

Das Echo ist groß, sagte der Münchner geistliche Wolfgang Rothe, der die Idee dazu hatte. Termin soll der 20. September 2023 sein, der Jahrestag von Woelkis Amtseinführung im Jahr 2014. „Solidaritätsbekundungen allein reichen meines Erachtens nicht mehr aus, es müssen auch deutliche Zeichen gesetzt werden."

Dies sind die richtigen Zeichen!

Ich bin gespannt, ob diese Segnung stattfindet und wie viele queere Menschen daran teilnehmen oder ob nur der CSD seine Anziehung hat.

Und wenn aus „Zeitmangel" kein Pfarrer zur Verfügung steht, so sollten sich die Liebenden gegenseitig segnen, denn jeder Gläubige kann und darf segnen!

[BS] Hass auf queere Menschen in vielen Ländern

Überall in der Welt ist eine neue Hass-Welle festzustellen. Selbst in vergleichsweise liberalen Ländern wie Namibia dreht sich der Wind für die LGBTIQ+-Gemeinschaft.

In Ghana berät das Parlament aktuell über ein Gesetz, nach dem Schwulen und Lesben mehrjährige Haft drohen könnte, wenn sie sich selbst als homosexuell bezeichnen.

Länder wie Ghana, Kenia oder Namibia gelten als vergleichsweise funktionierende Demokratien und stabile Länder Afrikas.

Sie vereint jedoch eine Gemeinsamkeit: **Eine mächtige christ-**

lich-religiöse Lobby, die die **Anti**-LGBTIQ+-Gesetze fördert und in die afrikanischen Parlamente bringt.

Die neue Welle von Hass sorgt vor allem für ein Klima der Angst. Darum dürfen wir nicht aufhören, auf diese Missstände hinzuweisen, denn sie belasten Menschen zum Teil bis zu ihrem Lebensende.

Nicht darauf hinzuweisen oder nichts zu tun, ist immer falsch.

[BT] Denunziantin von Storch AFD

Hass können wir selbst im Deutschen Bundestag erleben. Beatrix von Storch AFD darf sich ans Rednerpult im Bundestag stellen und behaupten, das fast alle Abgeordnetinnen und Abgeordneten, Frauenabschaffer seien, da sie alle der Gender-Ideologie anhängen.

Beatrix von Storch, AFD, denunziert öffentlich im Bundestag, mit verbalen Angriffen die Kollegin Ganserer, ohne entsprechend gerügt zu werden, und alles bleibt ungeahndet. Hass kann wieder öffentlich ausgesprochen werden und diese Verrohung beunruhigt sehr.

Beatrix von Storch behauptet: „Wenn der Kollege Markus Ganserer (sie meinte natürlich die Bundestagsabgeordnete Frau Tessa Ganserer) oft Lippenstift, Hackenschuhe trägt, ist das völlig in Ordnung, es ist seine Privatsache." Sie denunziert weiter mit der Behauptung: „Biologisch und juristisch bleibt er ein Mann."

Sie weiß als Anwältin sehr genau, was sie da sagt und erhält von Zuschauern die den Bundestag verfolgen, sicherlich die Zustimmung von Ihresgleichen.

Im Grundgesetz steht: „Jeder hat das Recht auf die freie Entfaltung seiner Persönlichkeit(...)."

Was hat Beatrix von Storch AFD über diesen Bundestagsabgeordneten öffentlich im Bundestag zu bestimmen und ihn zu denunzieren, ohne großartig gerügt zu werden? Es soll doch im Bundestag um Politik gehen und nicht um persönliche Angriffe?

Ich kann doch auch nicht sagen: „Wenn ich keinen Anstand hätte, so würde ich sagen: Frau von Storch ist ein Nazi, oder Frau von Storch gehört auf den Scheiterhaufen". Wo käme man denn hin, wenn man so etwas behaupten dürfe.

Oder?

In einer ihrer anderen Hetzreden im Bundestag meint von Storch: Zitat: *„Ein Fisch ist kein Fahrrad, ein Mann ist keine Frau und Gender ist gaga."*

Von Storch twittert: *„Warum lässt sich ein ganzes Land von diesen Transen und queeren Heulsusen*

terrorisieren? Wo bleibt der
#AUFSTAND der Mehrheit der Norma-
len gegen diese totalitären
Minderheiten?"

Von Storch scheint nur Toleranz
bei politisch Gleichgesinnten zu
kennen, denn ihre Mitstreiterin
in der AFD, Alice Weidel (Ausbil-
dung: Uni Bayreuth, Bayern)
befindet sich doch auch mit ihrer
Partnerin zusammen in einer ein-
getragenen Partnerschaft.

Beatrix von Storch meint sich als
Rechtsanwältin alles herausnehmen
zu können!Der Staatsschutz
ermittel gegen diese AFD-Politi-
kerin.

Ein befreundeter Heilpraktiker
empfahl mir, Frau von Storch
nahezulegen, sich auf Grund ihrer
dauerhaften Denunziationen,

psychologische Hilfe in Anspruch zu nehmen. Jedoch habe ich hierzu ganz bestimmt kein Verlangen, dies zu tun.

Frau von Storch sollte aber als Anwältin wissen, dass es unter Strafe steht, wenn man einem Menschen Schaden zufügt und dies macht sie als Denunziantin.

Die Zielsetzung des Denunzianten ist es, dem Denunzierten mithilfe des kalkulierten Vertrauensbruchs nachhaltig zu schaden.

Die Sexualität ist auch keine Privatsache, wie diese Frau von Storch meint und es leider auch oft unbedacht anderweitig behauptet wird.

Bei der Aufklärung sollten

Eltern, Lehrer, Ärzte dgl. daran
beteiligt sein.

[BU] Rechtsruck von Ost nach West und von Süd nach Nord

Die Zahlen von gewaltorientierten Rechtsextremisten haben sich jährlich erhöht und es sind mittlerweile bereits 8 Prozent der Bevölkerung. Unsere Politiker haben es seit Jahren versäumt, den Bürgern ehrlich zuzuhören. Heute stehen die Populisten und Populistinnen auf den Märkten von Kleinstädten und gehen mit falschen Versprechungen auf Menschenfang.

Die Einflussnahme dieser rechtspopulistischen Gruppen stellt die Grundlagen des gesellschaftlichen Zusammenlebens in Frage. Sie sind nicht an einer Opposition interessiert, sondern versuchen, unsere Demokratie von außen zu zerstören.

Es geht ihnen darum, die
Geschichte zu verleugnen, so wie
es ebenfalls Kirchenberater in
Sachen Missbrauch in der Kirche
derzeit verstärkt versuchen.

DAS VERGESSEN WÄRE FALSCH
.... den Opfern gegenüber

Die meisten Menschen werden heute
überflutet von Nachrichten, Mel-
dungen und Meinungen insbesondere
durch das Internet. Vielen ist
dies zu viel, denn sie können
nicht mehr Wahrheit oder Lüge
erkennen. Wenn es um Politik
geht, wollen Sie sich gar nicht
mehr informieren. Sie rennen einfach der Herde hinterher und in
die offenen Arme der Rechten.

Die meisten Politiker erreichen die besorgten Bürger und Bürgerinnen daher nicht mehr.

Die Opposition sprach von Paschas und wollte Vornamen abfragen. Der Bautzener Landrat stimmte zusammen mit der AFD einem Antrag zu und die CDU fordert mehr Flaggen und Nationalhymnen. In Thüringen hat sich ein FDP'ler mit AFD-Stimmen zum Ministerpräsidenten wählen lassen.

Deutschland hat ein Naziproblem durch die anhaltende Offenheit der Parteien zu den rechten Parteien, die dadurch selber immer weiter nach rechts rücken.

Der CDU-Chef Friedrich Merz meinte zum Beispiel eine Kooperation mit der AFD auf kommunaler

Ebene nicht ausschließen zu
wollen.

Wie weit wollen noch viele Parteien bei Ihrem Stimmenfang
gehen?

Manfred Weber (CSU), EVP-Chef
meint, dass die Konservativen und
Christdemokraten häufiger mit den
rechten Fraktionen zusammenarbei-
ten sollten. Weber machte bereits
nach dreiwöchigem Amtsantritt im
Palazzo Chigi seine Aufwartung.
Die meisten Politiker und
Politikerinnen beäugten hingegen
skeptisch die Regierungschefin
auf eine mögliche Zusammenarbeit.

Der CDU-Politiker Erwin Rüddel
sagt, die meisten Deutschen sind
rechts.

Wollen wir die Haltungen dieser Politiker verdrängen, ignorieren oder einfach so tun, als wenn es sie nicht gibt? Wollen wir einfach nur schweigen oder laut dagegen protestieren, wie es die Rechten bei ihren sämtlichen Auftritten tun?

Leider gibt es in Europa keine klare Strategie im Umgang mit den rechten Parteien. Abgrenzung oder Anpassung; zur Eindämmung ist beides bisher nicht gelungen.

Trotz Deutschlands Geschichte scheint sich in Deutschland der Nationalsozialismus noch radikaler zu entwickeln als bei anderen Rechtsparteien in Europa.

Was noch vor Jahren verboten war, wie Hitlersprüche, Hakenkreuze udgl. , scheint heute keinen mehr aufzuregen.

[BV] Aiwanger und die „Normalen"

So wie bei Beatrix von Storch die Einstellung zu queeren Menschen ist, so vertritt auch Bayerns Vize-Ministerpräsident Hubert Aiwanger mit seinem offenbar gegen Regenbogenfamilien gerichteten Tweet: „Die Normalen müssen zusammenstehen", die gleiche Meinung.

Zitat Hubert Aiwanger: *„Vater, Mutter, zwei Kinder, Christbaum und Kachelofen sind offenbar politisch/journalistisch nicht korrekt. Daran sieht man: die Normalen müssen zusammenstehen."*

Hier sind sich Hubert Aiwanger/ Freie Wähler und Beatrix von Storch/AFD wohl sehr einig.

Zum Nazi Flugblatt Aiwangers äußerte sich in einem BR-Interview erstmals ein Ex-Mitschüler vor der Kamera. Sollte diese Aussage vor der Kamera und weitere **„eidesstattliche Aussagen"** der Wahrheit entsprechen, kann man nicht nur von einer pubertären Phase sprechen, wie dieses Nazi Flugblatt entstand.

Von Jugendsünde zu sprechen, ist eine Verharmlosung des Nazi-Flugblattes. <u>Der Hass-Inhalt tritt mit Füßen Millionen Menschen, die in Auschwitz, Dachau und anderswo von Deutschen umgebracht wurden.</u> Es wird sich darüber lustig gemacht.

Wir befinden uns auch mitten in der Gegenwart, wo die Partei des Hasses (AFD), ähnlich versucht, die Geschichte des Holocaust zu relativieren.

Es handelt sich eindeutig bei dem Flugblatt Aiwangers um ein anti-semitisches Werk.

Hubert Aiwanger fiel angeblich bereits mit 16 bzw. 17 Jahren in der Klasse als Hitler-Imitator auf und die Schule hatte gegen ihn, wegen der bekannten Nazi-Flugblätter, ein Disziplinarver-fahren angestrengt, nachdem in „seiner" Schultasche diese ekel-erregenden Flugblätter gefunden worden waren, wie er selbst ein-räumte. Dies geht aus einem Bericht von BR24 online vom 30.08.2023 hervor.

Ein Ex-Mitschüler berichtete BR24 so der Bericht, Zitat: *„Hubert Aiwangers, politische Haltung war* *nach seiner Einschätzung auf jeden Fall deutlich rechts angesiedelt und von national-sozialistischem Gedankengut geprägt."*

Diese Einschätzung teilen auch andere Klassenkameraden. Im Alltag habe Hubert Aiwanger mehrfach abwertend über andere geredet. „Türkische Mitbürger hat er zum Beispiel als ‚Kanaken' bezeichnet, Dunkelhäutige als ‚Neger' und Homosexuelle als ‚Schwuchtel'."

Eine Mitschülerin berichtete, dass sie angeblich „Mein Kampf" von Aiwanger in den Händen gehalten habe.

Wie viele Aiwangers oder Trumps muss es noch geben, die frei von der Leber weg, ihre

~~demokratiefeindlichen~~ **Bierzeltreden** schwingen können.

Die heutigen Hetztiraden Aiwangers wiegen schwerer als seine
Jugendsünden und er schwingt noch
mehr als vorher nach Auftauchen
des Nazi-Flugblattes weiter seine
Bierzeltreden unter Beifall
seiner Gleichgesinnten.

5 Jahre wohnte ich in Bayern und
habe verstanden, dass in Bayern
viele Gleichgesinnte von Aiwanger
zu finden sind.

Eine große Anzahl der Bayern ist
so gepolt, dass sie ihn jetzt
erst Recht(s) bei der nächsten
Wahl die Stimme geben.

So finden wir es ja auch bei
Trump. Er kann farbige Menschen
beschimpfen und sie wählen ihn,

er kann Frauen beleidigen und sie wählen ihn, er kann zum Sturm auf das Kapitol aufrufen und sie wählen ihn.

War es nicht auch so bei Hitler. Viele wussten von seinen Verbrechen und haben ihn trotzdem gewählt.

Es ist und bleibt nun einmal so, wie der Dramatiker und Lyriker Bertolt Brecht schrieb aber wohl nicht verfasste:
„Nur die dümmsten Kälber wählen ihre Metzger selber." Übrigens auch Edmund Stoiber zitierte gerne dieses Sprichwort von Bertolt Brecht.

Einen Aiwanger mit dieser Selbstverherrlichung, der diese ~~demokratiefeindliche~~ Gesinnung in

Talkshows und Bierzelten an den Tag legt, benötigen wir nicht in unserer Demokratie.

Leider werden die Menschen, die ihn wählen, seine wahre Einstellung erst später merken.

So ist es wohl immer und besonders in der Politik. Niemand hielt den abscheulichen Angriffskrieg von Putin gegen die Ukraine in unserer heutigen Zeit noch für möglich und trotzdem geschah es, ohne dass sich in Russland die russisch-orthodoxe Kirche dazu positioniert.

[BW] Hetze in Alice Schwarzers „EMMA"

Woher kommt diese neue seltsame Obsession in den Medien über Transmenschen?

Heute geht nun einmal vieles an Hass wieder, was früher viel leichter auffiel und daher nicht möglich war.

Hierzu dient den meisten ihr Handy. Sie können die Hassbotschaften ganz einfach loslassen und eine Menge an Menschen empfangen diese Fakes oder Hassmeldungen und das ohne Konsequenzen befürchten zu müssen. Und wie bereits gesagt: Gleichgesinnte findet man sofort.

Alice Schwarzer zum Beispiel, Feminismus-Ikone, lässt in ihrem

Magazin EMMA regelmäßig gegen Transmenschen hetzen mit Sprüchen wie: „Viele Geschlechter? – Das ist Unfug!" Oder, „Immer mehr Frauen werden Männer," und dies alles unter dem Deckmantel des Feminismus.

Junge Menschen, Jugendliche nennen solche unangenehmen Menschen, die laut gegen transsexuelle Menschen auftreten, TERFS (Trans-Exkludierende-Radikale-Feministinnen). Sie schüren massenweise Hass gegen Transmenschen.

Die jetzige Regierung änderte das Transsexuellen-Gesetz und schafft ein neues Selbstbestimmungsgesetz, damit Transmenschen nicht mehr Angst haben müssen, ihre persönliche Identität leben zu können. Diese jetzige Gesetzes-

änderung ist richtig und längst
überfällig, aber reicht das?

Die persönliche Identität ent-
falten zu können, stört scheinbar
diese Hass schürenden TERFS, die
in Talking-Points dies durch Diskriminierung kundtun.

Hierzu gesellt sich jetzt auch
die über 80-jährige Alice Schwarzer. Die AFD zitiert sogar Frau
Schwarzer. Vielleicht geben sie
sich Frau Schwarzer und die AFD
demnächst Tipps bei den Steuer-
einsparungen?!

Bei dem Thema Transmenschen
stehen TERFS, Alice Schwarzer,
Rechtskonservative, Nazis scheinbar Seite an Seite zusammen.

An dieser Stelle ein Böhmer-
mann(ZDF Magazin Royale)-Zitat:

„Transfeindlichkeit schweißt zusammen." Sowie „Transfeindlichkeit ist Mode, nicht Trans ist Mode, Frau Schwarzer und was hat es bitte mit Feminismus zu tun, wenn man Menschen ihre Existenz abspricht."

Ich bin persönlich sehr dankbar, dass es Böhmermann (ZDF-Magazin Royale) gibt, der ohne Umschweife die Hass predigenden TERFS beim Namen benennt, die Wahrheit aus-spricht und kein Blatt vor dem Mund nimmt.

[BX] Aufklärung

Trotz der Medien und des Internets und der doch angeblich offenen Welt, meinen Eltern, bei ihren Kindern, keine Aufklärung mehr machen zu müssen und bei den Lehrern ist es ähnlich.

Wie bequem in der heutigen schnelllebigen Zeit.

Durch die zum Teil falsche oder fehlende Aufklärung haben junge Mädchen und Jungen, völlig falsche Vorstellungen von der Sexualität. Es gibt Mädchen, die nie aufgeklärt wurden und noch nicht einmal wissen, was eine Periode ist.

Auch die Jungen, insbesondere in jungen Jahren, bringen mit dem Ausdruck „schwule Sau" oder homo-

sexuell nur mit Schimpfwörtern
ihrer Freunde oder mit „schmut-
zig" in Verbindung.

Sie wollen sich damit männlicher
darstellen. Also weder die Mädchen noch die Jungen werden und
wurden bis heute anständig aufgeklärt.

Eltern und Lehrer haben als Entschuldigung für keine oder man-
gelnde Aufklärung nur einen ein-
fachen Spruch auf den Lippen:
*„Das wissen unsere Kinder schon
längst aus dem Internet."*

Damit Jugendliche, Heranwachsende
oder Erwachsene Anlaufstellen
finden sie hier nachfolgend gute
entsprechende Internetadressen.

[BY] Anlaufstellen und Hilfen für queere Menschen

Projekt Interventionen für geschlechtliche und sexuelle Vielfalt

https://interventionen.dis-sens.de/fuer-jugendliche/links-anlaufstellen (Stand August 2023)

Unter dieser oben genannten Internetadresse könnt ihr ent-sprechend in eurem Bundesland, Hilfe finden.

Herausgegeben vom: Institut für Bildung und Forschung e.V. dissens

Zum Beispiel **Andersraum**:
   Der Andersraum ist ein Zentrum für lesbische, schwule, bisexu-

elle, trans*, inter* und queere Menschen in Hannover. Hier treffen sich auch Jugendgruppen: die Queere Jugend Hannover, die young_frienTS für trans* Jugendliche, die Mixed Pickles und Girl meets Girl.

Oder die
Jugendgruppe Ernie & Bert
www.jugendgruppe-ernieundbert.jimdo.com
Ernie & Bert ist eine Jugendgruppe für lesbische, schwule und bisexuelle Jugendliche in und um Oldenburg.

Die Gruppe trifft sich im Oldenburger Lesben- und Schwulenzentrum des Vereins Na Und e.V.

[BZ] Persönlichkeitsrecht

An dieser Stelle möchte ich betonen, dass
Bischöfe, Weihbischöfe, Generalvikare,
Offiziale, Personalchefs und Regenten das
Führungskollektiv eines Bistums sind und
ebenfalls Berater des Vatikans sich in der
Presse und in den Medien öffentlich
präsentieren.

Sie vertreten auf kirchlichen Veranstaltungen
ihr Bistum, ihre Institution Kirche gegenüber
den Gläubigen oder Nichtgläubigen.

Somit betrachte ich die kirchlichen Amtsträger
und ihre öffentlich auftretenden Berater, als
relative Personen der Zeitgeschichte und sie
können durch meine Schilderungen gerne
herausgefunden werden, denn sie sind Personen
des kirchlichen oder öffentlichen Lebens und ich
verletze somit nicht ihr Persönlichkeitsrecht.

Ebenso verhält es sich mit gewählten Politikern,
die öffentlich im Bundestag Reden halten.

Die Kirche, ihre Pfarrer, Bischöfe und Berater
nutzen seit Jahrhunderten die fiktive Darstellung.

Die Eigenart fiktionaler Darstellungen ist, dass es sich in der Regel um erfundene Gestalten und Geschehnisse handelt, und bestimmte Begebenheiten, Orte etc. in der realen Welt nach allgemeiner Überzeugung nicht nachweisbar sein müssen, und es daher auch nicht geben muss.

Die von mir in diesem Buch beschriebenen Ereignisse haben in der Realität, die in meinen Roman (Belletristik) zum Teil in der Realität und Fiktion stattgefunden.

Das Erkennen von Fiktion oder Realität liegt in der Betrachtung/Beurteilung des Lesers oder der Leserin.

<u>Zitate von namentlich genannten Persönlichkeiten entsprechen der Realität.</u>

Sollten benannte Personen sich in ihrem Persön-lichkeitsrecht angegriffen fühlen, was ich nicht annehme, so dürfen sie mir dies mitteilen, ich werde es dann umgehend von entsprechender Stelle überprüfen lassen und gegebenenfalls bei Rich-tigkeit, in der 2. Auflage meines Buches ändern.

Verlag und Autor erläutern, dass Vorwort, Inhalt, Epilog sowie persönliche Anmerkung des Buches der Meinung des Autors entsprechen und nicht von jedem geteilt werden muss.

**[CA] Toleranz in der Gesell-
schaft!?**

Für alle Menschen sollte die
christliche Kirche ein Ort sein,
an dem Menschen unabhängig von
ihrem Hintergrund, ihrer Lebens-
weise oder ihren Überzeugungen
willkommen sind. Toleranz
bedeutet Ausdruck von Nächstenliebe und Mitgefühl.

Leider finden wir diese Toleranz
nicht mehr in der Kirche, die
durch die veralteten, verkrus-
teten Lehren und Grundsätze sich
an die veränderte Welt nicht
angepasst hat.

Bereits im Vorfeld wurde ich
gefragt, warum ich dieses Buch:
**PAPST LEO XIV. und seine
GESEGNETEN SCHEINHEILIGEN** verfasst habe.

Die Idee kam mir bei Recherchen in Paris für meinen nächsten Roman, wo auch die Handlungen in meinen nächsten Romanen zu finden sind. Es geht im hauptsächlichen um den großen Architekten Georges-Eugene Hausmann. Hausmann war maßgeblich für den Umbau von Paris (große Alleen dgl.) während der Herrschaft Napoleon Bonaparte zuständig.

Hausmann nahm große Abrissarbeiten vor, worunter sich auch Kirchen befanden. Hier wurden durch Mitarbeiter Hausmanns, versteckte Dokumente, die die Kirchenoberen jahrzehntelang verheimlichten, entdeckt. Hierbei handelte es sich bereits um Giftakten über Kleriker, die zum Teil auch sexuellen Missbrauch mit Kindern durchführten.

Bei den Recherchen zu meinem Buch „Gefangen im Schatten der Kirche", besuchte ich diverse große Friedhöfe in Paris.

7)©persönlich erstelltes Buchcover v. Autor

Dieses Buch ist Band 2 der Grete & Micha - Reihe. Ich schrieb es unter Pseudonym: Jorge W. Smith

Ich möchte an dieser Stelle meinen Lesern nebenbei die vielfältigen Gestaltungsmöglichkeiten auf den Friedhöfen in und um Paris in Bildern nicht nur in

meinem Roman, sondern auch
bereits an dieser Stelle vorstellen, wo sich vor dem eigenen Tod
die Menschen in Frankreich
erlauben können, ihr Leben darzu-
stellen oder was sie noch über
den Tod hinaus mit ihrem Grab
vermitteln möchten.

Hier kann man eine TOLERANZ und
Anerkennung und Achtung erkennen,
die jedoch leider bis heute auf
vielen Friedhöfen (wie auch in
Deutschland) auf Grund von Regeln
über Regeln, noch immer nicht
möglich ist.

8)©Quelle: Bild 1 persönliches Foto des
Autors, Friedhof Montparnasse/Paris

9)©Quelle: Bild 2 + 3 persönliches Foto des
Autors, Friedhof Montparnasse/Paris

10)©Quelle: Bild 4 + 5 persönliches Foto
des Autors, Friedhof Montparnasse/Paris

Menschen haben bezüglich Kirche individuelle, zum Teil stark persönliche Erfahrungen mit der Kirche gemacht.

Einige loben die Toleranz der Kirche. Und diejenigen, die negative Erfahrungen gemacht haben, sehen die Kirche kritisch und äußern ihre Bedenken.

Nur in Sachen Pädophilie und Missbrauch darf es null Toleranz geben!

Durch meine Recherchen habe ich persönlich keine bis nur wenig Worte des Mitleides über die Austritte der Kirchenmitglieder finden können, eher Verständnis.

Ich werde an dieser Stelle auch keine Analysen darüber anstellen. Dies versuchen bereits die Nebelkerzenwerfer und Menschenfänger in unserer Gesellschaft.

[CE] Anhang 1

<u>Auszüge/Zitate aus dem Gutachten:</u>

Westphal-Spilker v. 20.01.2022

Downloadverweis:

https://westpfahl-spilker.de/ wp-content/uploads/2022/01/WSW-Gutachten-Erzdioezese-Muenchen-und-Freising-vom-20.-Januar-2022.pdf

Sexueller Missbrauch minderjähriger und erwachsener Schutzbefohlener durch Kleriker sowie hauptamtliche Bedienstete im Bereich der Erzdiözese München und Freising von 1945 bis 2019

- Verantwortlichkeiten, systemische Ursachen,Konsequenzen und Empfehlungen -

Auszüge aus dem o.g. Gutachten: Westphal-Spilker vom 20.01.2022 ab Seite 55 unten bis Seite

a) Der Fall Gauthe

  Gilbert Gauthe war ein Priester der US-amerikanischen Diözese Lafayette, der Mitte der 1980er Jahre auch aufgrund seines Geständnisses verurteilt wurde,von Beginn der 1970er Jahre an nahezu 40 Kinder in hunderten Fällen sexuell missbraucht zu haben. Der Fall wurde ab Mitte 1985 von der US-amerikanischen Presse, unter anderem der New York Times, aufgegriffen und auch zu einem Anfang der 1990er Jahre ausgestrahlten Film verarbeitet.

Dieser Fall und seine Entwicklung lassen deutliche Parallelen mit einigen von den Gutachtern gesichteten Vorgängen erkennen.

Anfang der 1970er Jahre waren erstmals einschlägige Vorwürfe gegen Gauthe erhoben worden. Als sich die diesbezüglichen Gerüchte trotz einer ersten psychiatrischen Behandlung weiter verbreiteten, erfolgte kurz darauf eine erste Versetzung des Priesters. In der Folge kam es auch zu einem Gespräch mit dem Diözesanbischof.

Diesem gegenüber räumte der Priester einen einmaligen Übergriff ein, bagatellisierte ihn aber als Zwischenfall. Ein Jahr nach diesem Gespräch wurde der Priester vom Diözesanbischof zum Kaplan der diözesanen Pfadfindergruppe ernannt. Mitte der 1970er Jahre unterzog sich der Priester einer weiteren psychiatrischen Behandlung, ging seinen priesterlichen Aufgaben aber ungehindert nach. Es wurde ihm lediglich verboten, Kinder bei sich übernachten zu lassen.

Etwas später wurde dem Priester, nachdem auf Nachfrage keine neuen Vorfälle mitgeteilt wurden, eine eigene Pfarrei verliehen. Anfang der 1980er Jahre wurden von besorgten Gemeindemitgliedern gegenüber dem Bischof Vorwürfe gegen den Priester erhoben, von den Verantwortlichen jedoch nur oberflächlich untersucht. Erst 1983 sahen sich aufgrund mit anwaltlicher Hilfe vorgebrachter und mit Entschädigungsforderungen unterlegter Anschuldigungen die Verantwortlichen der Diözese zum Handeln gezwungen.

Eine von der Diözese angestrebte außergerichtliche Einigung kam nicht zustande. Vielmehr reichten

die Eltern eines betroffenen
Jungen Klage ein und brachten
damit den Stein ins Rollen.

*Vgl. Reisinger / Röhl, Nur die
Wahrheit rettet (2021), S. 28 ff*

Es entwickelte sich eine über
viele Jahre anhaltende und von
Presseberichterstattung beglei-
tete Dynamik von immer weiteren
Gerichtsprozessen gegen immer
mehr Priester. In der Folge
wandte sich beispielsweise Anfang
der 1990er Jahre der BDKJ an die
DBK und forderte die Berück-
sichtigung des Themas der sexuellen Gewalt in Ausbildungsord-
nungen und Lehrplänen. In dieser
Zeit kam es auch in Deutschland,
namentlich in den Diözesen Augs-
burg und Aachen, zu einschlägigen
Verurteilungen von Priestern.

Vgl. Reisinger / Röhl, a. a. O.,
S. 34 f.

Ähnlich gelagert ist im US-
amerikanischen Bereich auch der
Mitte der 1990er Jahre zutage
getretene Fall des Priesters Law-
rence Murphy.

b) Der Fall Groër

In besonderer Weise alarmierend
waren aber aus Sicht der katholischen Kirche im deutschsprachigen
Raum die Vorgänge um den Wiener
Erzbischof Kardinal Groër und
dessen Rücktritt im Jahr 1995,
die zumindest mittelbar auch mit
einem der untersuchungsgegen-
ständlichen und nachfolgend dargestellten Fälle im Zusammenhang
stehen.

Kardinal Groër stand von 1986 bis 1996 an der Spitze der Erzdiözese Wien.

Im März 1995 berichtete ein ehemaliger Groër-Schüler in einem österreichischen Nachrichtenmagazin über seine mehr als 20 Jahre zurückliegenden Erlebnisse. In der Folge meldeten sich noch weitere ehemalige Zöglinge, die berichteten, von Groër in dessen Zeit als Religionsprofessor an einem Knabenseminar sexuell belästigt oder missbraucht worden zu sein. Der Kardinal schwieg zu den Vorwürfen bis zu seinem Tod im Jahr 2003.

Am 6. April 1996 legte Groër überraschend den Vorsitz in der Bischofskonferenz nieder, nachdem er zwei Tage davor noch im zweiten Wahlgang mit einfacher Mehr-

heit wiedergewählt worden war. Am
13. April 1996 ernannte Papst
Johannes Paul II. Weihbischof
Schönborn zum Erzbischof-Koadju-
tor mit Nachfolgerecht. Am 14.
August 1996 nahm der Papst Groërs
kurz zuvor eingereichtes Rück-
trittsgesuch an.

Kardinal Groër zog sich nach
Maria Roggendorf zurück, wo er
vor seiner Berufung zum Wiener
Erzbischof bis 1986 als Wall-
fahrtsdirektor gearbeitet hatte.
Mit dem Rückzug kehrte aber noch
lange keine Ruhe ein. Anfang 1998
tauchten im Stift Göttweig, dem
Stammkloster des Benediktiner-
paters Groër, neue Vorwürfe gegen
den früheren Mitbruder Groër auf.

Es folgte eine Apostolische
Visitation. Das Ergebnis dieser

kircheninternen Untersuchung ging an den Papst und wurde nie veröffentlicht. Bemerkenswert war, dass noch vor Abschluss der Visitation vier österreichische Bischöfe in einer gemeinsamen Erklärung bekannt gaben, dass sie zur „moralischen Gewissheit" gelangt seien, dass die Vorwürfe gegen Groër „im Wesentlichen" zuträfen.

Vgl. „Missbrauch: Causa Groer läutete neue Ära ein", verfügbar: https://religion.orf.at/v3/stories/2576509/, abgerufen: 08.11.2021

c) Der Fall Maciel Degollado

Nahezu zeitgleich zum Fall Groër wurde ein weiterer Missbrauchsfall aus Mexiko mit erheblicher Tragweite publik. Mitte der

1990er Jahre wurden gegen den Gründer der Legionäre Christi, Marcial Maciel Degollado, der im Vatikan hohes Ansehen genoss, Missbrauchsvorwürfe erhoben. Neun ehemalige Seminaristen erklärten, von Maciel in den 1940er, 1950er und 1960er Jahren sexuell missbraucht worden zu sein. Einige von ihnen sagten, ihre sexuelle Beziehung zu Maciel sei langfristig gewesen. Ein Geschädigter sei nach seinen Angaben bei Beginn der Übergriffe „sehr klein und sehr jung" gewesen.

Ein weiterer Geschädigter gab sein Alter bei den ersten, dann viele Jahre andauernden Missbrauchshandlungen mit zwölf Jahren an. Nach Zeugenaussagen soll Maciel bis zu den frühen 1960er Jahren mehrere Dutzend Jungen missbraucht haben.

Eine Ende der 1990er Jahre begonnene kanonische Untersuchung durch den Apostolischen Stuhl wurde nach dreijähriger Dauer ergebnislos beendet.In der Folge wies Maciel die gegen ihn erhobenen Vorwürfe schriftlich zurück.

Nachdem Mitte der 2000er Jahre neue Vorwürfe gegen Maciel bekanntgeworden waren, wurde vom damaligen Präfekten der Glaubenskongregation Mitte der 2000er Jahre eine neue Untersuchung eingeleitet und der Promotor iustitae der Glaubenskongregation zum Untersuchungsführer bestimmt. Dieser führte in Mexiko Befragungen von ca. 20 Personen durch, darunter einige (mutmaßliche) Geschädigte Maciels.

Die Glaubenskongregation verzich-
tete wegen Maciels angegriffener
Gesundheit auf ein langjähriges
kirchenrechtliches Strafverfahren
und forderte Maciel auf, sich zu
einem Leben in Buße und Gebet aus
der Öffentlichkeit zurückzu-
ziehen. Anfang der 2010er Jahre
berichteten fünf Bischöfe in Rom
über die Ergebnisse der von ihnen
durchgeführten Apostolischen
Visitation der Legionäre Christi.
In einer vom Vatikan veröffent-
lichten Erklärung des Papstes an
die Legionäre Christi heißt es:
„[…Das sehr schwerwiegende und
objektiv unmoralische Verhalten
von Pater Maciel, das durch unbe-
streitbare Zeugenaussagen belegt
ist, äußert sich bisweilen in
Gestalt von wirklichen Straftaten
und offenbart ein gewissenloses
Leben ohne echte religiöse Gesinnung. […]" (Erklärung des Heili-

gen Stuhls zur Apostolischen Visitation der Kongregation der Legionäre Christi – 1. Mai 2010, verfügbar unter: https://www.vatican.va/resources/resources_comunicato-legionari-cristo-2010_ge.html, abgerufen: 19.10.2021)

In der Folge räumten auch die Legionäre Christi öffentlich ein, dass Maciel minderjährige Seminaristen an den Apostolischen Schulen des Ordens sexuell missbraucht hat. Zudem soll er ihnen in der Beichte die Absolution für gemeinsam begangene sexuelle Handlungen erteilt haben, laut Codex Iuris Canonici eine Handlung, die mit Exkommunikation zu bestrafen ist.

Vgl. Utler, „Legionäre Christi unter Missbrauchsverdacht", ver-

fügbar unter:
https://www.spiegel.de/panorama/
legionaerechristi-raeumen-ver-
dachtsfaelle-von-sexuellem-miss-
brauchein-a-832679.html, abgerufen: 19.10.2021; Deckers, „Der
falsche Prophet", verfügbar
unter;
https://www.faz.net/--gq5-6yoqn

Ende der 2010er Jahre erklärte
der Präfekt der Ordenskongre-
gation, dem Vatikan hätten
bereits 1943 erste Dokumente über
sexuellen Missbrauch durch Maciel
vorgelegen.

Wenn bereits 1943 Dokumente über
sexuellem Missbrauch von Maciel
vorlagen, wie kann es sein, dass
dann ein Papst weiterhin, lange
Beziehungen mit dem Beschuldigten
pflegt!

Mit Johannes Paul II. verband Maciel eine lange Beziehung: Er war oft an Bord der Papst-
Maschine durch die Welt gereist · das Bild zeigt ihn 2004 bei einer Audienz

(12) siehe Literaturnachweis

https://www.faz.net/aktuell/poli-
tik/ausland/marcial-maciel-degol-
lado-der-falsche-pro-
phet-11696063.html?service=print-
Preview, abgerufen: 19.10.2021.

[CF] Anhang 2

<u>Auszüge/Zitate aus dem Forschungsprojekt:</u>

MHG (Mannheim, Heidelberg, Gießen)

Downloadverweis:
https://www.dbk.de/fileadmin/ redaktion/diverse_downloads/dossiers_2018/MHG-Studie-gesamt.pdf

Sexueller Missbrauch an Minderjährigen durch katholische Priester, Diakone und männliche Ordensangehörige im Bereich der Deutschen Bischofskonferenz vom 24. September 2018

Auszug aus dem Forschungsprojekt
Punkt 6.4.3 **Beschuldigte mit höherem Kirchenamt**

Teilprojekt 6 - Personal- und Handaktenanalyse

6.4.3 Beschuldigte mit höherem Kirchenamt

Von 1.670 Beschuldigten bekleideten 164 (9,6 %) zu irgendeinem Zeitpunkt ihres Lebens ein höheres

Kirchenamt (Dechant, Regens, Offizial, Domkapitular, Weihbischof, Bischof, Erzbischof usw.).

Den zeitlichen Bezug zur Ersttat zeigt Tab. 6.18.

Sechsunddreißig der Beschuldigten (2,2 %) hatten ein höheres Amt vor und nach der angeschuldigten Ersttat inne. Bei 110 Beschuldigten (6,6 %) war ein höheres Kirchenamt nicht vor, jedoch zu einem späteren Zeitpunkt nach der angeschuldigten Ersttat verzeichnet. Bei zehn Beschuldigten (0,6 %) war angegeben, dass sie ein höheres Kirchenamt zwar vor dem Zeitpunkt der Ersttat innehatten, jedoch nicht mehr zu Zeiten nach der Ersttat. Bei acht Beschuldigten mit höherem Kirchenamt war der zeitliche Bezug zur angeschuldigten Ersttat nicht ermittelbar.

Tab. 6.18 Beschuldigte mit höherem Kirchenamt bei Ersttat Kirchenamt und Ersttat höheres Kirchenamt vor und nach Ersttat36Anteil an allen Beschuldigten

(n=1.670)

2,2 %höheres Kirchenamt nicht vor, aber nach Ersttat1106,6 %6,9 %

höheres Kirchenamt vor, aber nicht nach Ersttat100,6 %0,6 %

nicht zutreffend (kein höheres Kirchenamt)1.44186,3 %90,2 %

unbekannt, keine Angabe734,4 %Gesamt1.670100 %

Zahl Beschuldigte

Anteil Beschuldigte mit Amtsangabe (n=1.597)

2,3 % 100 %

Beschuldigte mit höherem Kirchenamt bei Ersttat -

Diskussion

Der hier dargestellte Zusammenhang wurde nachträglich im Rahmen der Analysen des vorliegenden Forschungsprojektes hergestellt. Dabei sind die möglicherweise lange Latenz bis zur Offenlegung einer Missbrauchstat oder der Erhebung einer Beschuldigung zu beachten. Dadurch konnte eine Missbrauchstat unter Umständen erst lange nach einer Bestellung auf ein höheres Kirchenamt aufgedeckt, angeschuldigt oder dokumentiert worden sein. Insofern ist die Schlussfolgerung eines zeitlichen oder kausalen Zusammenhangs beider Ereignisse.(Z.B. Beförderung trotz oder Degradierung aufgrund von Missbrauchsbeschuldigungen) aus den hier dargestellten Befunden nicht ableitbar. Damit bleibt unklar, ob oder inwieweit Bestellungen auf ein höheres Kirchenamt nach einer Ersttat unter Kenntnis einer Beschuldigung seitens der bestellenden Institution erfolgt sind oder nicht. Nichtsdestotrotz bleibt festzustellen, dass mit fast 10 % ein nicht zu vernachlässigender Anteil der Beschuldigten in höherer Verantwortung des kirchlichen Dienstes stand.

[CG] Anhang 3

Auszüge/Zitate aus dem Bericht:

**Zu Missbrauch in der Christus-
träger Bruderschaft e.V. Triefenstein am Main in Mainfranken
vom: 23.07.2023** Downloadverweis: *https://www.christustraeger-
bruderschaft.org/site/assets/
files/1915/bericht_zu_miss-
brauch_ct-bruderschaft.pdf*

**Ich habe hier Auszüge/Zitate aus
der Einleitung des Berichtes aufgeführt und lege meinen Lesern
und Leserinnen ans Herz, den
gesamten Bericht unter obigem
Dowloadverweis sich durch zu
lesen:**

Auszug/Zitat:
Im Frühjahr 2021 bewegte die
Christusträger Bruderschaft
erneut die Frage nach ihrer Ver-

gangenheit. Über viele Jahre war die Wahrnehmung der Bruderschaft geprägt durch das außerordentliche Engagement für die Armen, zuletzt in Afghanistan und im Kongo, von intensiver missionarischer Arbeit durch Gemeindewochen, gestaltet mit Verkündigung und Musik verschiedener Bands und von Freizeiten in den Gästehäusern der Bruderschaft.

Zur Vergangenheit der Bruderschaft gehört aber auch schlimmer, Menschen schwer verletzender und Gewalt ausübender Missbrauch. Dabei hatte Otto Friedrich, der erste Prior der Bruderschaft, eine Schlüsselrolle über mehr als 30 Jahre inne. Und auch weitere Mitglieder der Bruderschaft begingen Missbrauch. Ein ganzes Missbrauchssystem wurde von vielen Beteiligten an unter-

schiedlichen Orten und in verschiedenen Formen am Laufen
gehalten.

Anlass für das erneute Fragen
nach dieser dunklen Vergangenheit
waren das bevorstehende 60jährige
Bestehen der Bruderschaft und
eine Predigt auf dem Ökumenischen
Kirchentag in Frankfurt am Main
im Mai 2021. Der Prior der
Gemeinschaft von Taizé, Frére
Alois, wies in der Predigt des
Eröffnungsgottesdienstes im Blick
auf sexuellen Missbrauch darauf
hin, dass die Kirchen zugeben
müssten, was geschehen ist.
Anders wäre keine Heilung, kein
Frieden möglich. So fasste der
Leitungskreis der Christusträger
Bruderschaft den Beschluss, eine
externe Gruppe zu bitten, sich
mit diesem Teil ihrer Vergangenheit zu befassen.

Die Leitung der Bruderschaft
fragte uns an, ob wir zur Mitarbeit in einer solchen Gruppe
bereit wären. Wir, Christa Dreiseitel, Richterin a. D., Ilse
Hellmann, psychologische Psycho-
therapeutin und Traumathera-
peutin, Martin Henker, Super-
intendent i. R. und Sebastian
Küffner, Kinder- und Jugendli-
chenpsychotherapeut, erklärten
die Bereitschaft zurMitarbeit.
Niemand von uns hatte sich in
vergleichbaren Aufgabenstellungen
mit dem Thema Missbrauch zuvor
schon einmal beschäftigt.

Von der beruflichen Einbindung
her sind wir alle mit der Pflicht
zur Verschwiegenheit über Sachverhalte, die uns in der Arbeit
bekannt werden, vertraut. Christa
Dreiseitel und Martin Henker

kannten sich bereits aus der Mitarbeit im Freundesrat der Christusträger Bruderschaft.

[CH] Anhang 4

Auszüge/Zitate aus der unabhängigen Untersuchung und dem Gutachten der

Anwälte Gerke & Wollenschläger vom 18.03.2021

Zum Umgang mit sexueller Gewalt im Erzbistum Köln

Downloadverweis:

https://mam.erzbistum-koeln.de/m/2fce82a0f87ee070/original/Gutachten-Pflichtverletzungen-von-Diozesanverantwortlichen-im-Erzbistum-Koln-im-Umgang-mit-Fallen-sexuellen-Missbrauchs-zwischen-1975-und-2018.pdf

Pflichtverletzungen von Diözesanverantwortlichen des Erzbistums Köln im Umgang mit Fällen sexuellen Missbrauchs von Minderjährigen und Schutzbefohlenen durch Kleriker oder sonstige pastorale

Mitarbeitende des Erzbistums Köln im Zeitraum von 1975 bis 2018

Verantwortlichkeiten, Ursachen und Handlungsempfehlungen

Ich möchte meinen Leserinnen und Lesern dieses ausführliche Gutachten sehr ans Herz legen und zitiere „nur" einen Fall von einer festgestellten Pflichtverletzung aus dem Gutachten Seiten: 325/326.

2. Darstellung und Bewertung der Aktenvorgänge mit festgestellten Pflichtenverletzungen

a) Aktenvorgang 1

(1) Sachverhalt auf Aktengrundlage

(a) 1. Verdachtsfall

Im Jahr 1982 erhob eine Frau aus der Gemeinde gegen den Beschul-

digten den Vorwurf, dass dieser
ein intimes Verhältnis zu ihrer
Tochter unterhalten habe, ihr
möglicherweise bei einem Schwan-
gerschaftsabbruch in den Nieder-
landen geholfen habe und in das
Verschwinden der Tochter invol-
viert sei. Der Stadtdechant
konfrontierte den Beschuldigten
im Rahmen eines Gesprächs am
23.11.1982 mit diesen Vorwürfen
und protokollierte dessen Stellungnahme, die der Beschuldigte
am 26.11.1982 unterschrieb. Aus-
weislich des Aktenvermerks wies
der Beschuldigte alle Vorwürfe
von sich.

Zwar kenne er die Anzeigenerstat-
terin, jedoch habe er bereits
seit den Sommerferien 1982 keinen
Kontakt mehr zu ihr oder ihrer
Tochter. Ursprünglich sei der
Kontakt auf Bitten der Anzeigen-

erstatterin zustande gekommen, die ihn vor nunmehr drei Jahren gebeten hatte, ihre Tochter wegen einer psychischen Krankheit zum Arzt zu begleiten.

In dieser Zeit habe der Beschuldigte wegen der Tochter der Anzeigenerstatterin mit dem Jugendamt und einem Nervenarzt in Verbindung gestanden. Darüber hinaus wies der Beschuldigte darauf hin, dass ihm bekannt sei, dass die Anzeigenerstatterin bereits in der Vergangenheit unbegründete Vorwürfe gegen mehrere Personen erhoben habe. In einem Schreiben vom 26.11.1982 wandte sich der Stadtdechant an Generalvikar Dr. Feldhoff:

„wie ich schon telefonisch sagte, hat der [der Beschuldigte] die gegen ihn erhobenen Vorwürfe alle zurückgewiesen. Auch sagte

ich dir schon, dass mir und eini-
gen vorsichtig befragten Mitbrü-
dern nie eine Andeutung in der
Richtung der Vorwürfe zu Ohren
gekommen waren. Die Frau, die ich
noch sprechen muss, machte keinen
unglaubwürdigen Eindruck; aller-
dings weiß man bei Frauen eben
nie!

Die Stellungnahme von [dem
Beschuldigten] habe ich nach
seinen Angaben geschrieben,
[...]. Wir werden jetzt wohl erst
einmal abwarten und beobachten
müssen. Kannst Du Herrn Erzbi-
schof und Herrn Weihbischof [...]
Bescheid geben? Hoffentlich ist
die Sache damit ausgestanden!"

Daran anschließend findet sich
eine handschriftliche Notiz in
den Akten, die weder datiert noch
vollständig lesbar ist, aber mit

„betr. [Beschuldigten]" über-
schrieben ist. Darin gibt der
Verfasser an, mit dem Weihbischof
gesprochen zu haben. Danach soll
gegebenenfalls eine weitere
namentlich bekannte Person ein-
bezogen werden. Der Stadtdechant
sei über das Gespräch mit dem
Weihbischof informiert.

Zuletzt hält der Verfasser fest,
dass zu untersuchen sei, welche
weiteren Recherchen angestellt
werden könnten. Unterzeichnet ist
die Notiz mit einem Kürzel,
dessen Urheberschaft – auch durch
Nachfrage beim Erzbistum Köln –
nicht geklärt werden konnte.

Die Durchführung weiterer Recherchen ist hinsichtlich dieses Ver-
dachtsfalles nicht dokumentiert.

Ich werde hierzu keinen Kommentar abgeben, sondern meinen Leserinnen und Lesern bitten, sich über diese Pflichtverletzung selbst ein Urteil zu bilden. Diese Pflichtverletzungen sind übrigens keine Einzelfälle.

[CI] Anhang 5

Auszüge/Zitate aus dem Aufruf:
  des Bistums Aachen bzg.
sexualisierter
  Gewalt.

Downloadverweis:
  https://www.bistum-aachen.de/
Aufarbeitung/aufarbeitung/oef-
fentliche-aufrufe/

Folgendes beinhaltet die erste
Seite der Kirche im Bistum
Aachen, wo Betroffene sexualisierter Gewalt aufgerufen werden,
sich zu melden.

**Ich bitte meine Leserinnen und
Leser sehr um Beachtung dieser
Seiten, wo auch z.B. namentlich
die bereits verstorbenen Priester
benannt sind:**

Auszug: Das Bistum Aachen setzt die Aufarbeitung sexualisierter Gewalt durch Priester und andere kirchliche Beschäftigte konsequent fort und veröffentlicht jetzt die Namen von 53 Tätern und mutmaßlichen Tätern sexualisierter Gewalt gegen Minderjährige und Schutzbefohlene. „Wir möchten Betroffenen Mut machen, sich mitzuteilen", so Bischof Dr. Helmut Dieser am Mittwoch in Aachen. „Mit der Nennung der Namen gehen wir dabei weiter voran. Wir stehen auf der Seite der Betroffenen und stellen uns den Verbrechen, die von Priestern und anderen in der Kirche Beschäftigten in der Vergangenheit begangen worden sind."

Die Entscheidung, nunmehr Namen von Tätern und mutmaßlichen Tätern zu veröffentlichen, ist ein weiterer Schritt im Zuge einer zielgerichteten und konsequenten Aufarbeitung. Dieser Entscheidung waren sorgfältige Beratungen und Abwägungen mit Unterstützung interdisziplinärer Fachexperten, dem ständigen Beraterstab, der unabhängigen Aufarbeitungskommission und dem Betroffenenrat vorausgegangen. Im Ergebnis liegen klare und transparente Kriterien vor.

Veröffentlicht werden Namen von Personen, auf die folgende Kriterien zutreffen:

Entweder liegt eine einschlägige staatliche oder kirchenrechtliche Verurteilung vor (dann wird die Person als „Täter" bezeichnet), oder es gibt mindestens einen positiv beschiedenen Antrag auf Anerkennung des Leids von der unabhängigen Kommission für Anerkennungsleistungen (UKA) auf Bundesebene (dann wird die Person als „mutmaßlicher Täter" bezeichnet). Der im Rahmen einer Plausibilitätsprüfung erfolgte Bescheid stellt für das Bistum Aachen einen hinreichenden Tatverdacht für die Annahme dar, dass es sich um einen mutmaßlichen Täter handelt. Voraussetzung für eine namentliche Nennung ist aus Gründen des Persönlichkeitsschutzes überdies, dass die Person vor mehr als zehn Jahren verstorben ist.

Diese Kriterien treffen auf insgesamt 53 Personen zu – 52 Priester und einen Laien. Die Veröffentlichung erfolgt mit einer zeitlichen Einordnung der vorliegenden Beschuldigungen, bekannten Strafurteilen und einer tabella-

rischen Auflistung des beruflichen Werdegangs der jeweiligen
Personen.

Diese bewusst reduzierte Darstellung der Sachverhalte dient vor
allem dem Schutz der Persönlich-
keitsrechte der Betroffenen und
ihrem Recht auf Anonymität sowie
der Wahrung der ihnen zugesi-
cherten Vertraulichkeit. Auch
eine Re-Traumatisierung von
Betroffenen, insbesondere von
solchen, die sich bislang nicht
offenbart haben, soll durch die
knappe Form der Darstellung vermieden werden.

„Wir handeln transparent, konsequent und umfassend. Kein Täter
soll unentdeckt bleiben", unter-
streicht Generalvikar Dr. Andreas
Frick. „Unsere Kriterien greifen
das Aufklärungs- und Informa-

tionsinteresse der Betroffenen auf und halten zugleich einer juristischen Überprüfung stand", erklärt der Generalvikar weiter. Kirchengemeinden, in denen Täter oder mutmaßliche Täter eingesetzt waren, besitzen nun die Möglichkeit, sich mit diesem Teil ihrer Vergangenheit auseinanderzusetzen. „Betroffene und Gemeinden haben einen berechtigten Anspruch auf Aufklärung und Information", so Andreas Frick.

Hotline unter 0241 452-225 und www.missbrauch-melden.de

Die Kirchengemeinden, in denen die Beschuldigten zum Tatzeitpunkt eingesetzt waren, sind bereits informiert. Das Bistum Aachen unterstützt die Aufarbeitung vor Ort. Begleitend zur Veröffentlichung erhalten betroffene

Kirchengemeinden ein breites Informations- und Beratungsangebot.

Betroffene, Angehörige und Zeugen können sich vertrauensvoll an die Hotline im Bistum Aachen (0241 452-225) wenden, um Missbrauch zu melden oder Hinweise zu geben. Qualifizierte Mitarbeiterinnen und Mitarbeiter nehmen die Meldung entgegen, besprechen das weitere Vorgehen und informieren über Beratungsstellen und Hilfsangebote.

Eine Meldung kann auch online unter www.missbrauch-melden.de erfolgen. Alle Meldewege erfüllen die datenschutzrechtlichen Voraussetzungen und werden vertraulich behandelt, können bei Bedarf auch anonym in Anspruch genommen werden.

[CK] Verletzung der Rechte Dritter/ Verletzung gesetzlicher Bestimmungen

Sollte der Inhalt meines Buches die Rechte Dritter oder gesetzliche Bestimmungen verletzen, so bitte ich um eine entsprechende Nachricht ohne Kostennote. Die Nachricht muss schriftlich oder per E-Mail: GeorgW.Schmidt@t-online.de erfolgen.

Ich garantiere, dass die zu Recht beanstandeten Passagen unverzüglich entfernt werden, ohne dass von Ihrer Seite die Einschaltung eines Rechtsbeistandes erforderlich ist. Dennoch von Ihnen ohne vorherige Kontaktaufnahme ausgelöste Kosten werde ich vollumfänglich zurückweisen und gegebenenfalls Gegenklage wegen Verletzung vorgenannter Bestimmungen einreichen.

Abb.	Abbildung
Abs.	Absatz
Art.	Artikel
AufbewBest	Aufbewahrungsbe stimmung(en)
BDSG	Bundesdatenschutz gesetz
BGV	bischöfliches Generalvikariat
bspw.	beispielsweise
bzgl.	bezüglich
bzw.	beziehungsweise
CIC	Codex Iuris Cano nici (Gesetzbuch des Kirchenrechts der römisch-katholi- schen Kirche)
CSKQ	Childrens sexual Knowledge Quaestio naire
DBK	Deutsche Bischofs-

konferenz

DDR   deutsche Demokratische Republik

DF   Freojeotsgrade („Degrees of Freedom")

d.h.   Das heißt

Dipl.-Psych. Diplompsychologe

Dr. h.c.   Doctor honoris causa (Ehrendoktorwürde)

Dr. iur.   Doctor iuris (Doktor der Rechtswissenschaft)

Dr. med.   Doctor medicinae (Doktor der Medizin)

Dr. phil.   Doctor philosophiae (Doktor der Philosophie)

Dr. sc.hum. Doctor scientiarum

humanarum (Doktor der human

	wissenschaften)
et al.	et Ali (und andere Autoren)
etc.	et cetera (und so weiter)
e.V.	eingetragener Ver ein
f.	folgend
ff	fortfolgend
gem.	gemäß
ggf.	gegebenenfalls
ggü.	gegenüber
GmbH	Gemeinschaft mit Beschränkter Haftung
GV	Generalvikar
insg.	insgesamt
i.S.d.	im Sinne des
ISK	institutionelles Schutzkonzept
Kap.	Kapitel
Kath.	Katholisch
KDO	Anordnung über den

	Kirchlichen Datenschutz
Max./Max.	maximal/Maximum
min./Min.	mindestens/Minimum
Mio.	Million(en)
NINA	Nationale Info Line, Netzwerk und Anlaufstelle zu Sexueller Gewalt an Mädchen und Jungen
Nr.	Nummer
o.g.	oben genannt
PA	Personalabteilung
PKW	Personenkraftwagen
Prof.	Professor
PTBS	posttraumatische Belastungsstörung
RA	Revisionsabteilung
SAQ	sexual Abuse questionnaire
SCARED	Screen for Child Anxiety
Sonst.	sonstige

SOWIPORT	sozialwissen schaftliches Fach Portal
SST	Sacramentorum Sanctitatis Tutela (Apostolisches Schreiben von Papst Johannes Paul II. vom 30. April 2001
St.	Sankt
std.	standardisiert
Std.abw.	Standardabweichung
StGB	Strafgesetzbuch
StPO	Strafprozessord nung
s.	siehe
s.o.	siehe oben
s.u.	siehe unten
Tab.	Tabelle
TP	Teilprojekt
u.a.	unter anderem
u.ä.	und ähnlich
USA	Vereinigte Staaten

	von Amerika
UBSKM	unabhängiger Beauftragter für Fragen des sexuel- Len Kindesmiss Brauchs
usw.	und so weiter
VDD	Verband der Diözie sen Deutschlands
vgl.	vergleiche
vs.	versus; im gegen- satz zu
WISO	Wirtschafts- und Sozial Wissen- schaften
z.B.	zum Beispiel
ZI	Zentralinstitut für Seelische Gesundheit, Mannheim

Schwulenzentrum des Vereins Na Und e.V.

[CB] EPILOG

Wie können junge Menschen vor sexuellem Missbrauch durch Geistliche geschützt werden, wenn sich doch mittlerweile sogar bei Experten die Einsicht durchgesetzt hat, dass das katholische Priesteramt hoch attraktiv für Menschen ist, die in ihrer sexuellen Entwicklung auf einer kindlichen oder pubertären Stufe stehen geblieben sind?!

Ich verstehe die Menschen nicht, die immer noch zur Kirche gehen und den vielen (nicht erkennbaren) pädophilen Priestern zuhören, wie sie Moral predigen und hinterm Altar (wo auch immer) die kleinen Jungen und Mädchen missbrauchen und sich wenige Minuten später mit gefalteten

Händen vor ihre „Schafe"
(Kirchgänger) stellen. Die
Pfarrer, die diese Missbräuche
begehen, reichen noch den Eltern
mit ihren beschmutzten Händen die
Hand.

Es ist nicht egal, wie viel
Prozent der Pfarrer pädophil sind
oder nicht, hier schwanken die
Zahlen, viel wichtiger scheint
mir, dass diese pädophilen
Pfarrer erst gar nicht diese
Stellen besetzen.

Es ist wichtig,
Präventionsprogramme einzuführen,
die dazu beitragen,
Missbrauchsfälle zu verhindern,
bevor sie überhaupt auftreten.
Dazu gehören Schulungen für
Geistliche und Mitarbeiter, um
Anzeichen von Missbrauch zu
erkennen, sowie Schulungen für

Kinder und Jugendliche, um sie über angemessene Verhaltensweisen und Grenzen aufzuklären.

Pädophile gehören unter Beobachtung und Behandlung; sie dürfen niemals zur Betreuung von Kindern in kirchlichen oder sonstigen Institutionen eingesetzt werden!

Mütter und Väter sind leider zum Teil noch immer so hörig und verblendet in ihrem anerzogenen Glauben, dass sie diesen Untaten nicht entgegenwirken.

Kinder an Kirchenritualen allein teilnehmen zu lassen oder unbeaufsichtigt Pfarrern zu überlassen, geht gar nicht.

Die minderjährigen Kinder können noch nicht selbst entscheiden, was richtig und falsch für sie ist und daher bitte ich die Eltern, ihre Kinder nicht in Gefahr zu bringen und an diese Bedrohung zu denken.

Sie wissen nicht, welcher Verbrecher sich unter dem Talar des Pfarrers, Priesters oder Kardinals verbirgt, denn man kann es ihnen nicht ansehen.

Ich stelle hiermit nicht alle Pfarrer, Priester oder sonstige Kirchendiener unter Generalverdacht, doch von allen Kirchengängern hört man nach stattgefundenen Taten später: „ja das hätten wir doch nie von unserem Pfarrer gedacht!"

Ja, es gibt auch die ehrlichen Pfarrer, jedoch wer weiß, wer der ehrliche bzw. wer der pädophile Verbrecher ist?

Wir können nur Personen vor dem Kopf schauen. Der Generalverdacht, der bei mir manchmal aufkommt, lässt sich nur durch meine Recherchen bezüglich der vielen, unzähligen Verbrechen und Missbräuche durch Kleriker erklären.

Ich hoffe ebenso, dass alle queere Personen erkennen, dass von der Kirche bisher kaum bzw. wenig Hilfestellung ausging und auch in Zukunft nicht ausgehen wird und bei Sorgen oder Problemen, die Kirche die falsche Anlaufstelle ist.

Zwei persönliche Begebenheiten möchte ich erwähnen: Die erste hatte ich mit der natürlich evangelischen Pastorin meines Geburtsortes. Auf meine Frage, ob ich in meinem Heimatort im Grab meiner Eltern beerdigt werden könne, schrieb sie mir: „Zuerst müssen sie wieder in die Kirche eintreten, dann haben sie Anspruch auf eine christliche Trauerfeier." „Ich sende Ihnen gerne das Eintrittsformular zu." Ich möchte hinzufügen, dass ich vor Austritt jahrzehntelang Kirchensteuer zahlte und auch die christliche Trauerfeier bei der Kirche nicht umsonst ist, sondern noch zusätzlich gezahlt wird.

Die zweite Begebenheit war in Rottenbuch/Bayern. Bei einem Spaziergang im Don-Bosco-Klostergarten, Rottenbuch/Bayern kam ich mit der Oberin, Gemeinschaftsleiterin des Don Bosco-Ordens ins Gespräch, die mir erklärte, dass im Kloster früher eine Gipsbüste des

Ordensgründers gestanden habe,
die schon viele Jahre nicht mehr
existiere.

Da ich auch künstlerisch tätig
bin, habe ich in 4-monatiger
Arbeit eine neue Steinbüste von
Don Bosco erstellt und den
Don-Bosco-Schwestern des Klosters
in Rottenbuch danach gespendet
und übergeben. Es wurde ein
kleines Dorffest veranstaltet und
der Pfarrer segnete bei einer
Messe die von mir erstellte
Büste.

Der Pfarrer gab allen die Hand,
nur mir nicht, denn er wusste,
dass mein Mann und ich, zwei
offen lebende Homosexuelle sind,
obwohl ich der „Katholischen"
Kirche bzw. dem „Don Bosco
Kloster" diese Büste spendete.

11)©Quelle: persönlich erstelltes Foto links der damalige Rottenbucher Pfarrer Gumpinger, später versetzt nach Tittmoning, in der Mitte meine erstellte Don Bosco-Büste.

Ich möchte erwähnen, dass ich erst im Alter begriff, wie wunderschön es ist, schwul zu leben und geliebt zu werden, und das habe ich meinem Schöpfer zu verdanken!

Anhand der Austritte aus der Kirche entsteht bei mir die Hoffnung, dass weitere Menschen erkennen, dass diese immer wiederkehrenden Verbrechen auf Grund fehlender Reformen und entsprechenden Durchsetzungsmöglichkeiten von reformwilligen Kirchenfürsten weiter gehen werden.

Ich hoffe, dass viele Menschen der Kirche wie auch immer ihren Unmut zeigen, und sie erkennen, mit welchen Gottesdienern sie hier zum Teil zu tun haben.

Leider haben bisher noch nicht einmal die Mengen an Austritten zu einem radikalen Umdenken der Kirchen geführt, sondern im Gegenteil; es bekommen noch Heuchler und Kirchenberater des

Vatikans mit Fakes, Gehör in den Medien. Laut Deutscher Bischofskonferenz (DBK), haben mehr als eine halbe Million Menschen 2022 die katholische Kirche verlassen!

Kritikern, meines Buches möchte ich sagen, dass dieses Buch keine Abrechnung mit Gott ist, sondern das Gegenteil sein soll.

Ich möchte dazu beitragen, dass die pädophilen Verbrecher aus der Kirche komplett entfernt werden und das Vertrauen und der Glaube wieder stärker werden können.

Der Glaube an das Richtige!

An etwas glauben ist richtig, jedoch brauchen wir hierzu ganz bestimmt nicht **„diese" derzeitige Institution Kirche**.

Der größte Teil des Glaubens an
Gott wurde und wird besonders
heute den Menschen leider durch
die Institution Kirche **genommen
und nicht gegeben.**

Fast am Ende meines Buches,
möchte ich zwei Sprüche des
Theologen, Philosophen und Arztes
Albert Schweitzer zitieren:

*„Suche immer nach dem Guten in
den Menschen und gib niemals die
Hoffnung auf, dass sie es eines
Tages zeigen werden."*

Und den unverbesserlichen
Klerikern, Heuchlern und
verknöcherten Kirchenberatern
möchte ich von Albert Schweizer
den Spruch ans Herz legen:

„Das Einzige, was zählt, ist die

*Liebe. Wie wir leben, ist alles,
was zählt"*

– und ich möchte hinzufügen, dass
uns weder die Kirche noch ein
Kirchenberater dies
vorzuschreiben hat.

[CC] Persönliche Anmerkung des Autors

Freunde sprachen mich nach dem Lesen meines Buches besorgt darauf an, ob ich nicht mit Repressalien seitens der Kirche rechnen würde, da ich doch so klar die Missstände in der Kirche benenne.

Dazu möchte ich betonen, dass dieses Buch lediglich meine Meinung als Autor darstellt und es keinesfalls dazu gedacht ist, andere Meinungen und Äußerungen zu diskreditieren, jedoch beabsichtige ich an dieser Stelle Falschmeldungen (Fakes) aufzudecken und zu benennen.

Sollte seitens der Kirche oder seitens katholischer Hardliner versucht werden, Druckmittel

gegen meine freie
Meinungsäußerung anzuwenden, um
mich mundtot zu machen, so
bestärkt dies meine und die
Meinung anderer, dass in der
Kirche auch weiterhin kein
Umdenken geschieht. Ich würde
dies als ein Eingreifen in mein
Persönlichkeitsrecht betrachten.

Für einen Dialog stehe ich gerne
persönlich zur Verfügung.

Bei Angriffen scheue ich mich
nicht an die Öffentlichkeit, die
Medien, Internet udgl. zu gehen.

Es ist wichtig, zu betonen, dass
die Bekämpfung von Missbrauch in
der Kirche eine kontinuierliche
Anstrengung ist, die die
Zusammenarbeit von
Kirchenführern, Gläubigen,

Opfern, der Zivilgesellschaft und Behörden erfordert.

Die Umsetzung dieser Maßnahmen erfordert Zeit, Engagement und eine klare Verpflichtung zur Veränderung.

Es ist klar, dass sich auch in der Zukunft Übergriffe und Missbrauch nicht vollständig verhindern lassen. Aber nur mit einer umfassenden Aufklärung und Aufarbeitung der Vergangenheit wird sich ein Bewusstsein schaffen lassen, das die Anzahl solcher Vorfälle vermindert.

Mein Buch soll der Prävention dienen und ich wünsche mir, dass viele gläubige Menschen erkennen, wie wichtig Prävention ist, denn wenn ein einziger Missbrauchsfall durch Prävention oder Aufklärung

verhindert werden kann,
rechtfertigt diese für manchen
auch schmerzliche
Aufklärungsarbeit.

[CL] Schlusswort

Liebe Leserinnen,
  liebe Leser,

Die Akten der toten
verbrecherischen Priester werden
heute in den Kirchen für so
„tolle Aufklärungsarbeiten" aus
den Archiven hervorgeholt. Es
werden von Diözesen Listen mit
Namen der Toten, überwiegend
pädophile Täter genannt und die
Geschädigten und Missbrauchten
können sich melden.

Dies mag richtig sein, nur die
verbrecherischen noch lebenden
pädophilen Kleriker erhalten
weiterhin ehrenvolle Titel und
ehrenvolle Aufgaben und Posten
und werden wie es bisher immer
geschah, noch für ihre Arbeiten
gelobt und sind gut angesehen.

Hier muss endlich ein Riegel
vorgeschoben werden.

Die Täter waren und sind noch
überall, natürlich an allen
Orten, aber insbesondere in allen
Bereichen der Kirchen auch
weiterhin zu finden.

Ich trage auf Grund dieser
Verbrecher in der Kirche und
anhand meiner Recherchen
bezüglich Gutachten,
Forschungsprojekte und Berichte,
mittlerweile fast schon einen
Hass auf diese Jahrhunderte lange
Verdummung von uns Menschen durch
diese Institution Kirche.

Es ist verständlich, dass die
Menschen leider auf Grund dessen
auch nicht mehr an Gott glauben.

Die Bischöfe, Priester, Diakone
und Ordensangehörige gehören doch
zu den Menschen, die uns Glauben
und Hoffnung auf Gott machen
sollen und sie tun gerade das
Gegenteil, sie nehmen uns den
Glauben.

Dies sollte den wenigen ehrlichen
Klerikern die entsprechende
Bildung haben, doch auch
allmählich auffallen.
Mein Glaube an das Institut
Kirche besteht nicht mehr und
wird nicht wieder kommen, jedoch
mein Glaube an Gott können mir
auch seine sich selbst ernannten
Bediensteten, nicht nehmen.

Seite:	Inhalt/Rechte/Quelle	Nr.:
14	Eigenes Foto vom Autor	1
40	Genehmigung durch Krzysztof Charamsa	3
137	Eigenes Foto vom Autor	4
137	Eigenes Foto vom Autor	5
147	Genehmigung durch Krzysztof Charamsa	6
174	Persönlich erstelltes Buchcover vom Autor	7
175	Persönlich erstelltes Foto vom Autor	8
175	Persönlich erstelltes Foto vom Autor 2 + 3	9
176	Persönlich erstelltes Foto vom Autor 4 + 5	10
185	(c) Alessia Giuliani/ CCP/CIRIC	12